Hoch/Rohde · Wanderreiten, Frankreich – Loire-Tal

Gabriela Hoch / Michael Rohde

Wanderreiten
Frankreich – Loire-Tal

Müller Rüschlikon Verlags AG
CH-Cham/Zug

Schutzumschlagfoto: Wolfgang Tieste, D-W-2804 Lilienthal
und Incolor AG, Bildagentur, CH-8006 Zürich

Foto Seite 60: Pegasus Reiterreisen GmbH,
Grenzacherstr. 34, CH-4058 Basel

ISBN 3-275-01055-7

1. Auflage 1993
Copyright © by Müller Rüschlikon Verlags AG,
Gewerbestrasse 10, CH-6330 Cham

Sämtliche Rechte der Speicherung, Vervielfältigung
und Verbreitung sind vorbehalten.

Satz: Vaihinger Satz + Druck, D-70563 Vaihingen/Enz.
Druck und Bindung: Druckerei Uhl, D-78315 Radolfzell.
Printed in Germany

Inhaltsverzeichnis

Vorwort 7

Teil I

Wanderreiten in Frankreich 9
- Die Anreise 10
- Haltung des Wanderreitpferdes 10
- Französische Gastfreundschaft 11

Kulinarisches 11
- Die französische Küche 11
- Die Weine 13
- Andere Getränke 13
- Restaurants auf dem Weg 13

Hotels und Unterkünfte an der Route 15
Geld 16
Öffnungszeiten 16
Post und Telefon 17
Reisedokumente 17
Diplomatische und konsularische Vertretungen . 18
Notfälle 19
Das Reitrecht in Frankreich 20
Die Loire 20
Die Landschaft 23
Die Geschichte 24

Teil II

Wanderreiten – kein Hobby für Anfänger 26
- Wasserdurchquerung 26

Route I – Wanderreiten mit dem eigenen Pferd . 31
- 1. Kurzbeschreibung der Route
Paray-le-Monial – Beaulieu 31
- Verzeichnis der Unterkünfte 34
- Karten und Wegebeschreibungen 35

- 2. Kurzbeschreibung der Route Beaulieu –
Candé-sur-Beuvron 53
- Verzeichnis der Unterkünfte 53
- Karten und Wegebeschreibungen 55
- 3. Kurzbeschreibung der Route
Candé-sur-Beuvron – Candes – St. Martin. . . . 77
- Verzeichnis der Unterkünfte 77
- Karten und Wegebeschreibungen 80

Route 2 – Wanderreiten ohne eigenes Pferd . . . 98
- Wegstrecken. 98
- Übersichtskarte 99

Teil III

Vorbereitungen zum Trekkingreiten 134
- Adressen Wanderritte / Reiterferien
im Loiretal 134
- Vorbereitung von Pferd und Reiter 136
- Training 137
- Fütterung 139
- Ausrüstung von Pferd und Reiter 141
- Orientierung im Gelände 151
- Markierte Wanderwege: Zeichenerklärung . 152
- Gîte d'Etape. 153
- Hufe und Hufbeschlag. 154

Schlösser und Persönlichkeiten
- Sully-sur-Loire 57
- Amboise. 80
- Chambord 60
- Chenonceau 84
- Saumur 89
- Villandry 118
- Leonardo da Vinci. 82
- Die Jungfrau von Orleans 109
- Der heilige Martin von Tours 115
- Berühmte Dichter 120

Vorwort

Vor Ihnen liegt ein Handbuch, das Ihnen während eines Wanderritts im Tal der Loire hilfreich zur Seite stehen will. Um unterschiedlichen Ansprüchen gerecht zu werden, wurden zwei Routen zusammengestellt:

Route 1 – Wanderreiten mit eigenem Pferd

Anhand von lückenlosem, genau auf die Bedürfnisse des Wanderreiters zugeschnittenen, praxiserprobten Kartenmaterial wird der Reiter mit eigenem Pferd von Para-le-Monial, am Oberlauf der Loire, bis nach Saumur geleitet. Es wurde eine abwechslungsreiche, romantische, ca. drei Wochen umfassende Route ausgesucht. Ob man nun die komplette Strecke reitet oder sich nur für einen Teilabschnitt entscheidet, wird jedem selbst überlassen. Der die Strecke erläuternde Text ist absichtlich kurz und ohne unnötigen Ballast gehalten, um ein schnelles Zurechtfinden im Handbuch während des Wanderrittes zu ermöglichen. Durch die handliche Grösse passt das Buch in jede Tasche.

Route 2 – Ein geführter Wanderritt von Schloss zu Schloss

Für all jene, die nicht mit eigenem Pferd reisen können oder wollen, bietet sich der geführte Rundwanderritt in der Touraine an. Auch hier sollte man kein Reitanfänger sein, da täglich mehrere Stunden geritten wird. Nichtreiter können in einer Kutsche den Ritt begleiten. Unbelastet vom Gepäck (das transportiert die Kutsche!) und der Notwendigkeit, sich um Strecke und Quartier kümmern zu müssen, kann man sich so richtig auf die französische Kultur, die berühmte Küche der Touraine und die herrliche, parkartige Landschaft einstellen.

Wilde Uferlandschaften...

...und lichte, bodengrüne Wälder, sind Bilder, wie der Wanderreiter sie sich erträumt. Die Loire macht solche Träume wahr.

Teil I

Wanderreiten in Frankreich

Trekkingreiten, ein Traum vieler Reiter und Pferdebesitzer

Auf dem eigenen Pferd im Urlaub zu reiten, ist wohl eines der schönsten Erlebnisse und eine grosse Herausforderung. Ein ideales Land zum Wanderreiten ist Frankreich. Es ist nicht nur das grösste Land Westeuropas, sondern auch das pferdefreundlichste. Ob in den Bergen, im Flachland, entlang der Flüsse und Kanäle, am Mittelmeer oder am Atlantik, Trekkingreiten ist in Frankreich überall möglich und erlebnisreich. Ein umfangreiches Wanderreitnetz setzt sich zusammen aus den grossen Europafernwanderwegen »Gr.«, die fast immer reitbar sind, den »G.T.C-Wegen« (internationale Reitwege) und aus den meist intakten Kanalwegen.

Canal latéral à la Loire: Einst zogen schwere Arbeitspferde die Schiffe über die Kanäle, heute sind diese Wege ideale Wanderreitstrecken.

Die Anreise

Bei der Zusammenstellung der Route 1 – Wanderreiten mit eigenem Pferd – wurde der Ausgangspunkt so gewählt, dass Sie sich in unmittelbarer Nähe eines öffentlichen Verkehrsnetzes befinden. Es besteht somit für eine Gruppe die Möglichkeit, mit den Pferden per Bahn (Güterzug) direkt zum Ausgangspunkt anzureisen. Nach Ende des Wanderrittes werden die Pferde wieder in den Waggon verladen und es geht zurück nach Hause. Die notwendigen Informationen und Fahrpläne erhalten Sie am Güterbahnhof Ihres Heimatortes.

Für nur ein oder zwei Pferde kommt es günstiger, einen Pferdeanhänger oder Kleintransporter zu verwenden. Sie lassen Ihr Fahrzeug am Ausgangspunkt des Wanderrittes stehen. Wenn Sie am Zielort Ihres Wanderrittes angekommen sind, fahren Sie (ohne Pferde) mit der Bahn zurück und holen für den Rücktransport der Pferde Ihr Fahrzeug nach.

Für den geführten Rundritt – Route 2 – ist der Ausgangspunkt der Reiterhof »La Touche« in Sérigny bei Richelieu. Falls Sie nicht mit dem PKW anreisen:
1. Anreise mit der Bahn bis Chatellerault oder
2. Anreise mit dem Flugzeug bis Paris Charles de Gaulle, anschliessend weiter mit der Bahn bis Chatellerault.

Vom Bahnhof Chatellerault holt Sie ein Mitglied der Familie Laparra ab.

Haltung des Wanderreitpferdes

Die artgerechte Pferdehaltung in Offenstall, Aussenbox, Paddock oder Laufstall ist die Voraussetzung für ein zuverlässiges Wanderreitpferd.

Angenehm fallen in Frankreich die teilweise riesigen Weiden für Nutztiere auf. Kühe gehen zusammen mit ihren Kälbern auf die Weide und auch in modernen und grossen Reitanlagen gehört der tägliche Weidegang zum Pferdealltag.

Auch bei der Fütterung sollte man den »natürlichen

Weg« suchen und nicht dem Hafer das Hauptgewicht beimessen. Wer einen Wanderritt durch Frankreich plant, wird sein »Haferpferd« umstellen müssen. Die gesündere und ausgewogenere Pferdefütterung mit Grün- und Saftfutter, Rauhfutter sowie zur Ergänzung pelletiertes Alleinfutter für Pferde, ist für Freizeit- und Wanderreitpferde üblich. Mit Möhren (Karotten) lässt sich die Frischkost des Pferdes vitaminreich ergänzen. »Wen der Hafer sticht...«, ein altes Sprichwort für Übermut, übermässiges Temperament und Ungebremstheit – Eigenschaften, die bei einem Wanderreitpferd nicht erwünscht sind, doch durch ein Zuviel an Hafer verursacht werden können. Im Extremfall resultiert daraus eine einseitige Mangelernährung (siehe Fütterung des Pferdes auf Seite 139).

Französische Gastfreundschaft

Gastfreundschaft ist in Frankreich eine Selbstverständlichkeit, unter jeder der erwähnten Adressen werden Sie diese antreffen.
Oftmals wird man Sie zum Essen einladen, und, falls die Entfernung zu Fuss zu weit ist, zum Hotel fahren. Sie dürfen auch gerne darum bitten, gefahren zu werden.
Viele der genannten Unterkünfte für Pferde sind Privatadressen. Wieviel Sie als Entgelt dafür geben, bleibt Ihrem Feingefühl überlassen. In der Regel zahlt man für Unterbringung und Futter FF 15,– bis FF 40,–, in grossen Reitställen bis FF 60,–. Wer gerne zeltet, darf sein Zelt neben der Weide aufstellen, normalerweise kostenlos. Als Wanderreiter wird Ihnen in Frankreich besonderes Wohlwollen und Freundlichkeit geschenkt, sie werden sich nicht als Tourist fühlen.

Französische Küche

Man kann die französische Küche nicht beschreiben, ohne zuvor sich Gedanken über die französische Mentalität zu machen. Im Gegensatz zu uns, wo »auf dem Lande leben« oft mit dumm und unbeholfen gleichgesetzt wird, verkörpert gerade das Landleben für den Franzosen oder die Französin die wahre Kultur und Tradition Frankreichs. Und er – oder sie – ist bestrebt, die *métropole* und die menschenunwürdige Eile wenigstens am Wochenende hinter sich zu lassen, um sich ganz seiner bzw. ihrer Familie widmen zu können. Dieser Familiensinn ist auf dem Land noch am stärksten vertreten. Und was liegt näher, als ein ausgedehntes Mahl, wobei die Gespräche bei Tisch mindestens ebenso wichtig sind wie das Essen selbst und der Wein dazugehört wie die Luft zum Atmen?

Doch auch von der *grande cuisine* kann man enttäuscht werden – ein klangvoller Name, viel Aufwand mit Gedecken und Geschirr, aber lieblos zubereitet. Auf der anderen Seite stehen die Meister ihres Faches, die mit den Zutaten wie Butter, Sahne, Eiern und frischen Kräutern wahre Köstlichkeiten schaffen.

Weniger kompliziert, jedoch nicht minder berühmt oder wohlschmeckend ist die *cuisine régionale*. Hier wird alles verarbeitet, Kräuter, Gemüse und Früchte; alles was so gut und reichlich in der Region wächst. Frische und Qualität sind wiederum die Grundlage.

Berühmte Gerichte (deren Ursprung teilweise im Mittelalter liegt) aus der Touraine:
Flussfische wie Forelle, Hecht, Lachs und Aal
Matelote, ein Gericht aus Süsswasserfischen mit Pflaumen
Deftiges aus Schweinefleisch, wie Schweinebraten mit Pflaumen
Rilettes, eine Art Schweinefleischpastete und *Rillons* (Grieben) isst man als Aufstrich auf Toast oder Weissbrot, gerne als *Hors d'oeuvre* (Vorspeise).
In den Restaurants wird oft angeboten:
Coq au vin – Huhn in Rotwein, Zwiebelkuchen, Gemüsepastete, eine grosse Anzahl Käsesorten, vor allem Ziegenkäse.
Auch hier geht die Entwicklung zu leichteren und damit gesünderen Gerichten, zu denen man einen frischen, leicht gekühlten Rotwein trinkt.

Die Weine

Unter den Loire-Weinen herrscht aufgrund der unterschiedlichen Bodenverhältnisse und Traditionen grosse Vielfalt.
Ein *Chinon*, tiefrot, mit fruchtigem Aroma ähnelt dem *Bourgueil*. Es sind die nördlichsten Rotweine Frankreichs. Die bekanntesten Weissweine kommen aus Vouvray. Der *Vouvray* kann trocken oder süss sein, sollte jedoch immer reifen; die trockensten unter ihnen werden zu champagnerähnlichem Perlwein verarbeitet. In Saumur wird vorzüglicher Schaumwein gekeltert und auch der *Rosé de Cabernet* oder *Cabernet d'Anjou* verdient Anerkennung.

Andere Getränke

Natürlich gibt es auch Biere und den in der Normandie erzeugten *cidre* (Apfelwein), der in den Sorten *doux* (süss) und *brut* (trocken) angeboten wird. Beides sind erfrischende Getränke für den Wanderreiter.
Falls es Ihnen passiert, dass der *garçon* Sie mit nachsichtigem Spott auf die Loire-Weine aufmerksam macht, tragen Sie es mit Fassung: Die Traditionen und den Lebensstil zu wahren (die beide in der heutigen Zeit mannigfaltigen Einflüssen ausgesetzt sind), wird für die Anrainer der Loire immer schwieriger.

Restaurants auf dem Weg:

Aux Vendanges de Bourgogne 5 rue Denis Papin Paray-le-Monial	»la Sellerie« la Ferte
Restaurant »de la Poste« Diou	»la Caillère« Candé-s-Beuvron
Restaurant »les Feuillats« Decize	»Chez Madeleine« Civray de Touraine

Restaurant »Chez Mami«
Argenvières

Château de Marigny
Sauvigny-les-Bois
Imphy

»le Domaine du Ciron«
Menestreau-en-Villette

»la Boulaye«
Athee-s-Cher

Au Plaisir Gourmand
Quai Charles VII.
Chinon

Délices du Chateau
Cour du Chateau
Saumur

Die Terrasse von »Le Grand Monarch« in Azay-le-Rideau

Hotels

Da die Urlaubssaison im Tal der Loire relativ kurz ist, lässt der Konkurrenzkampf die Preise nicht ins Uferlose steigen. Klassifiziert sind die Hotels durch das *Commissariat Général au Tourisme* als *Hôtel de Tourisme*. Dem Verband der *Logis de France* gehören kleinere und mittlere Familienbetriebe an.
Am günstigsten sind die *Auberges Rurales*, also ländliche Unterkünfte mit meist familiärer Atmosphäre.

Hotels und Unterkünfte, die an der Route liegen:

Hostellerie
des Trois Pigeons
2 rue Dargaud
Paray-le-Monial

Aux Vendanges
de Bourgogne
5 rue Denis Papin
Paray-le-Monial

Foiny et Michel
»Ferienhaus«
Argenvières
Tel.: 48 76 57 02

Château de Thauvenay
Sancerre
Tel.: 48 79 90 33

Hotel »de la Tour«
Janick Jouen
Sully-s-Loire
Tel.: 38 36 21 72

Hotel »du Château«
Châteauneuf-s-Loire
Tel.: 38 58 40 29

Hotel »du Place«
Châteauneuf-sur-Loire
Tel.: 38 58 20 10

Hotel »la Cailliére«
Candé-s-Beuvron
Tel.: 54 44 03 08

Château »de la Hercene«
la-Croix-en-Touraine
Tel.: 47 57 94 12

Boule d'Or
66 Quai Jeanne d'Arc
Chinon

Chris Hôtel
Place Jeanne d'Arc
Chinon

Anne d'Anjou
32/33 Quai Maynaud
Saumur

Gril Campanile
Rond Point de Bouman
Saumur

Geld

Der französische Franc (FF) entspricht 100 Centimes.
Werte der Münzen: 5, 10 und 20 Centimes sowie 1/2, 1, 2, 5 und 10 FF.
Werte der Banknoten: 20, 50, 100 und 500 FF.
Die üblichste Kreditkarte ist Visa, aber die meisten Hotels und Geschäfte nehmen auch American Express, Eurocard, Mastercard, Diners Club und andere.
Reiseschecks sind zu empfehlen. Euroschecks werden, wie gewohnt, eingelöst. Zusätzlich steht das Geldausgabe-Automatennetz des Credit Matuel zur Verfügung, sowie die mit dem *ec*-Signet gekennzeichneten Geldautomaten für Euroscheck-Inhaber.
Devisen tauscht man bei der Bank, nicht in privaten Wechselstuben, da dort meistens eine hohe Gebühr verlangt wird.
Montags sind nahezu alle Banken (auch Geschäfte) in Frankreich geschlossen.

Öffnungszeiten

Einkaufszentren:
von 9.00 bis 19.00 Uhr (teilweise bis 21.00 Uhr), auch samstags.
Bäckereien und Lebensmittelläden:
wegen der langen Mittagspause von 12.00 bis 14.00 oder 15.00 Uhr, öffnen die Geschäfte ziemlich früh. Auch an Sonn- und Feiertagen sind viele zeitweise geöffnet.
Schlösser:
von ca. 9.00 bis 18.00 Uhr
Mittagspause von 12.00 bis 14.00 Uhr
Am besten den aktuellen Prospekt über die Öffnungszeiten der Schlösser vom Französischen Fremdenverkehrsamt anfordern.

Deutschland: Französisches Fremdenverkehrsamt
Westendstrasse 47
6000 Frankfurt am Main
Telefon (069) 756083-0

Österreich: Französisches Fremdenverkehrsamt
Hilton Center 259
A-1030 Wien
Telefon (0222) 757062

Schweiz: Französisches Fremdenverkehrsamt
Löwenstrasse 59
CH-8023 Zürich
Telefon (01) 2113085-86

Post und Telefon

Öffnungszeiten:
Montag bis Freitag von 8.00 bis 12.00 Uhr sowie von 14.00 bis 19.00 Uhr
Samstag von 8.00 bis 12.00 Uhr
In Frankreich gibt es kaum noch Münzfernsprecher, es empfiehlt sich eine Telefonkarte *(télécard)*, die bei der Post, am Kiosk, in manchen Tabakgeschäften und Cafes erhältlich ist. Alle Automaten sind für Auslandsgespräche und mit Rückrufnummer ausgestattet.
Vorwahlnummern von Frankreich nach Deutschland: 1949
Vorwahlnummern von Frankreich nach Österreich: 1943
Vorwahlnummern von Frankreich in die Schweiz: 1941. Die 0 der Ortsnetzkennzahl entfällt.

Reisedokumente

Zur Einreise nach Frankreich genügt für Reisende aus den EG-Ländern ein gültiger Personalausweis.

Für das Pferd:
1. Freipass: wird bei der zuständigen Zollbehörde beantragt, das Pferd muss dafür bei der Zollbehörde vorgestellt werden und erhält dort den Freipass.
2. Regelmässige Impfungen müssen mit Datum, Stempel und Unterschrift des Tierarztes im Impfpass eingetragen sein.

3. Gesundheitszeugnis, nicht älter als drei Tage vor Grenzübertritt, Pferde müssen frei von Seuchen sein. Tollwutimpfung ist Pflicht.
4. Zur Freipass-Erstellung wird normal die Gesundheitskontrolle durch den Grenztierarzt verlangt.
5. Der Freipass hat ein Jahr Gültigkeit und kann vor Ablauf der Frist verlängert werden.
6. Pferde mit Freipass dürfen in Frankreich nur mit Zustimmung der zuständigen Behörde verkauft werden.

Für den Hund:
Er benötigt ein amtstierärztliches Tollwutimpfzeugnis. Die Impfung darf nicht weniger als einen Monat und nicht länger als ein Jahr zurückliegen.

Diplomatische und konsularische Vertretungen

Deutschland:
Botschaft
13/15 Avenue Franklin D. Roosevelt
F-75008 Paris
Tel.: (1) 42 99 78 00

Honorarkonsulat
22 rue Crébillon
F-44000 Nantes
Tel.: 40 69 76 37

Österreich:
Botschaft
6 rue Fabert
F-75007 Paris
Tel.: (1) 45 55 95 66

Schweiz:
Botschaft
142 rue de la Grenelle
F-75007 Paris
Tel.: (1) 45 50 34 46

Notfälle

Der Reiter in Not

Bei einem Missgeschick (Sie verlieren z.B. Geld oder Ausweise) wenden Sie sich an die örtliche Polizei oder auch an den Bürgermeister. Von ihnen erhalten Sie unbürokratische Hilfe. Auch wenn Sie die französische Sprache nicht beherrschen, wird eine Möglichkeit der Verständigung gefunden. (Bürgermeisteramt = *mairie*)

Sie haben einen Unfall

Auslandskrankenschein nicht vergessen! Ihre normalen Kranken- und Unfallversicherungen werden akzeptiert. Falls Sie ins Krankenhaus müssen, ist Ihr Pferd in einem der unter »Unterkünfte« angegebenen Ställe gut untergebracht.

Das Pferd in Not

Die in diesem Reiseführer genannten Tierärzte sind ausschliesslich sehr gute Pferdefachtierärzte. Bei einem eventuellen Pferdetransport sind Ihnen die »Unterkünfte«, wenn möglich, behilflich.

Die Polizei

Trifft z.B. ein Mitreiter an einem vereinbarten Treffpunkt nicht ein, sollten Sie nicht übertrieben lange warten, sondern sich früh genug an die Polizei wenden. Diese verhält sich im allgemeinen sehr hilfsbereit und nimmt die Suche sofort auf. Unannehmlichkeiten oder übermässig hohe Rechnungen brauchen Sie nicht zu befürchten.

Auf sich aufmerksam machen

Falls Sie sich in einem grossen Waldgebiet befinden und fremde Hilfe benötigen: Für Wanderausrüstungen werden Signalpfeifen und Überlebensmesser mit Abschussvorrichtung für Leuchtraketen angeboten. In der Praxis werden diese Zeichen meist nicht als Notsignal erkannt. In diesem Fall wendet man das Indianerrauchzeichen an: Ein Haufen trockenes Laub und/oder Gras wird angezündet und der sich entwickelnde, dichte Rauch mit dem angeschwitzten Woilach (Wolldecke) gesammelt und stossweise entwichen gelassen. Da Rauch im Wald Aufmerksamkeit erweckt, wird in Kürze jemand nach »dem Rechten« sehen.

Das Reitrecht in Frankreich

Der Reiter ist, wie in Deutschland auch, gleichberechtigter Verkehrsteilnehmer. Er muss also die Gebote und Verbote der Strassenverkehrsordnung kennen.
Darüberhinaus gibt es in Frankreich kein generelles Reitverbot. Ausser auf Autobahnen, Schnellstrassen und Privatwegen ist das Reiten grundsätzlich erlaubt.
Auch wenn man den Eindruck hat, es mache niemandem etwas aus, reitet man nicht über private Grundstücke, es sei denn, man hat vorher um Erlaubnis gebeten.
Dass man sich als Reiter höflich und zuvorkommend verhält, ist eine Selbstverständlichkeit. A.N.T.E. Mitgliedschafft ist aus Versicherungsgründen für Pferd und Reiter zu empfehlen.
A.N.T.E.
15, rue de Bruxelles
F-75009 Paris, Tel.: 0033.42.81.42.82

Die Loire

Der letzte Wildfluss Europas – das ist die Loire mit ihren Nebenflüssen wie z. B. Indre, Vienne und Cher. Sie entspringt im Vivaraisgebirge und wird dort zu einem kleinen Fischteich gestaut, in dem sich der Vulkankegel des Mont Gerbier de Jonc spiegelt. Als kleiner Bach schlägt die Loire den Weg nach Süden ein, macht dann urplötzlich eine Kehrtwendung nach Norden und durchzieht das Zentralplateu in nördlicher Richtung, im

Vienne

Wesen noch ganz Gebirgsfluss. Le Puy, ein Wallfahrtsort, liegt an der Pilgerstrasse nach Santiago de Compostela (Spanien) und ist die erste grössere Stadt am Oberlauf der Loire. Im weiten Bogen fliesst sie weiter durch die Landschaften Bourbonnais und Nivernais, bis sie in Orléans ihren nördlichsten Punkt erreicht. Durch weite Flussauen und fruchtbares Land, das in Millionen Jahren in der Ebene abgelagert wurde, strömt die Loire nun in westlicher Richtung dem Atlantik zu, in dem sie sich bei St. Nazaire in der Bretagne weit ausladend, kaum noch Gefälle besitzend, verliert. Da die Loire ab Nantes schiffbar ist, entspricht sie von dort an dem Bild eines Industrieflusses.

Die Schiffahrt auf der Loire war seit jeher schwierig und gefährlich. Hinzu kam, dass die Schiffer hohe Steuern und Abgaben an die Städte und private Anlieger des Flusses entrichten mussten. Überfälle auf Passagiere und Unfälle waren keine Seltenheit. Ständig hatte man mit den wechselnden Wasserständen und schwierigen

Strömungen zu kämpfen. Viele Gesellschaften gingen Pleite. Bis ins 19. Jahrhundert wurden die Lastkähne im Treidelverfahren flussaufwärts gezogen. Andere der flachbootigen Schiffe fuhren nur mit der Strömung, und die Ladung wurde am Zielort samt Schiff – dieses als Brennholz – verkauft. Anfang des 19. Jahrhunderts setzte man den ersten Raddampfer auf der Loire ein. Die Inbetriebnahme der Eisenbahn bedeutete schliesslich das Ende für die Loireschiffahrt.

Ungebändigt, von flachen, baumbestandenen Inseln durchzogen, Ablagerungen mitführend, weitestgehend ohne befestigte Uferseiten, sucht sich die Loire ihr Flussbett selbst. Nach jedem grossen Regen kann sich ihr Lauf etwas geändert haben. Im Sommer wird sie, wie ihre Nebenflüsse, an manchen Stellen zu einem Rinnsal versanden. Während eines regenreichen Herbstes oder bei Einsetzen der Schneeschmelze im Zentralmassiv, verwandelt sie sich zu einem gefährlichen, reissenden Strom, überschwemmt das Land, bildet neue Sandbänke und bringt damit die Kartographen zur Verzweiflung. Ihre Wasserführung kann von 35 Kubikmeter pro Sekunde bei Niedrigwasser auf 6000 Kubikmeter bei Hochwasser ansteigen.

Die Schiffahrt ist unter diesen Umständen natürlich nicht möglich, nicht zuletzt deshalb gewährt die Loire einer artenvielfältigen Flora und Fauna Lebensraum.

Doch auch diese Idylle ist getrübt. Da Frankreich bei der Energieversorgung die Kernkraft befürwortet, muss die Kühlwasserversorgung der im Gebiet der Loire befindlichen Reaktoren gesichert sein. Ausserdem denkt man daran, die Loire bis zur Mündung der Vienne schiffbar zu machen und Staudämme sollen die regelmässigen Überschwemmungen verhindern. Nicht nur, dass die Wirksamkeit der Staudämme von Fachleuten angezweifelt wird, es bestünde auch eine Überproduktion an elektrischem Strom.

Doch diesem Vorhaben steht eine tatkräftige Umweltschutzbewegung, die »Loire vivante«, entgegen. Die »Loire vivante« hat ihren Sitz in Le Puy und Mitglieder aus ganz Europa gehören ihr an.

Es ist dringend zu hoffen, dass eines der letzten ökologisch intakten Systeme mit den teilweise vom Aussterben bedrohten Tier- und Pflanzenarten aus den Fängen machthungriger Politiker und ehrgeiziger Technokraten gerettet werden kann.

Die Landschaft

Rund 300 Schlösser liegen zwischen dem geschichtsträchtigen Orléans und Angers. 100 Schlösser stehen dem Besucher zur Besichtigung offen.
Von der Porzellanstadt Gien bis nach St. Nazaire durchquert die Loire das *Orléanais*, das *Blesois*, die *Touraine* und das *Anjou*. Bewaldetes Hügelland, Blumenfelder, Obstplantagen und Baumschulen bestimmen das Landschaftsbild im *Orléanais*.
Die Königsstadt Blois mit ihrem berühmten gleichnamigen Schloss und dem mächtigen, nur wenige Kilometer entfernten Schloss Chambord, ist ganz von Wald umgeben. Mit seinen endlos erscheinenden Getreidefeldern und Gemüseanbauflächen bildet das *Blésois* den Übergang zur parkartigen Landschaft der *Touraine*.
Der »Garten Frankreichs«, diese Bezeichnung trifft auf die *Touraine* – Inbegriff des Loiretals – zu. Zahlreiche Schlösser, Weiden, Getreide- und Sonnenblumenfelder, Gemüseanbauflächen, Wälder, Baumgruppen und stille Flusstäler prägen das Landschaftsbild der *Touraine*. Geologisch ist die *Touraine* eine Kreideplatte, in die sich die Loire und ihre Nebenflüsse eingesenkt haben. Auf den Kreide- und Lössböden gedeihen weisse Rebsorten besonders gut. In den weichen Tuffstein der Hänge wurden über Jahrhunderte hinweg ganze Höhlensysteme gegraben. Dort lagern bei gleichbleibenden Temperaturen nicht nur die vorzüglichen Weine, sondern sie werden ebenso als Wohnungen hinter oft anspruchsvollen Fassaden genutzt.
Im *Anjou* macht sich bereits das gemässigte Klima des Atlantiks bemerkbar und ermöglicht das Wachstum von Palmen und Maulbeerbäumen.

Die Touraine, der »Garten Frankreichs«

Die Geschichte

Balzac schreibt in seinem Werk
»Katharina von Medici«:

»...Bei jedem Schritt, den man in diesem Land der Bezauberungen tut, entdeckt man ein Bild, dessen Bor-

düre ein Fluss oder ein ruhiges Oval ist, das in seinen flüssigen Tiefen ein Schloss, dessen Türme, dessen Wald, dessen Wasserkünste spiegelt. Es konnte nicht ausbleiben, dass dort, wo das Königtum mit Vorliebe wohnte, wo es so lange Hof gehalten hat, sich auch die grossen Vermögen, die durch Abkunft und Leistung Ausgezeichneten ansiedelten, und dass sie sich dort Schlösser errichteten, die gross sind wie sie selber.«

Die Loire war tatsächlich einmal der politische und kulturelle Mittelpunkt Frankreichs. Während des 100jährigen Krieges waren die Provinzen an der Loire die einzigen, die fest in königlicher Hand blieben. Erst die Bourbonen seit Heinrich IV. (16. Jahrhundert) wählten Paris und die *Ile-de-France* als Landschaft ihrer Herrschaftssitze. Es wird wohl jedem, der das Tal der Loire abseits des Touristenrummels zu Pferd erkundet, ähnlich ergehen: Er wird von seiner Geschichte gefangengenommen. Und Namen, wie Jeanne d'Arc oder Katharina von Medici sind nicht mehr blosse Abstraktion: Wie im Jahre 1429 die Jungfrau von Orléans, stapft man über die Treppen der Festung von Chinon.

Auch heute noch ist die *Touraine* die Region, in der das reinste Französisch gesprochen wird. Sie ist die Verkörperung der französischen Kultur schlechthin.

Teil II

Wanderreiten – kein Hobby für Anfänger

Das Wanderreiten gewinnt unter Freizeit-, wie Turnierreitern immer mehr Anhänger. Während die einen in der freien Natur »nur« Erholung suchen, spielt für andere das Erleben von neuen Eindrücken, verbunden mit einer gehörigen Portion Abenteuerlust, die grössere Rolle.

Da man als Wanderreiter allein auf sich gestellt oft die unterschiedlichsten Situationen zu meistern hat, erklärt es sich von selbst, dass dies kein Hobby für Anfänger ist.

Ein routinierter Reiter benötigt Kenntnisse in der Orientierung mit Karte und Kompass, der Ernährung des Pferdes unterwegs, der Früherkennung von Krankheiten, der ersten Hilfeleistung für Mensch und Pferd, sowie Kenntnisse im Hufbeschlag und selbstverständlich in der Pflege und dem Umgang mit seinem Pferd.

Wasserdurchquerung

Dies ist bei einem Wanderritt im Tal der Loire ein wichtiges Thema.

Generell ist beim Durchreiten fremder Gewässer Vorsicht geboten. Man sollte den Grund sehen können und nicht tiefer als bis zum Sprunggelenk hineinreiten. Ein Pferd mit vollgesaugter Wanderreitausrüstung kann nicht schwimmen und geht unter. Ebenso darf es keine Ausbinder oder ähnliches tragen und die Zügel müssen auseinander geschnallt werden.

Speziell bei der Loire ist zu beachten, dass es sich bei ihren Ufern teilweise um feinsten Schwemmsand handelt, in welchem man sofort einsinkt. Der Reiter muss in einer solchen Situation blitzschnell handeln, ohne sich selbst in Gefahr zu bringen:

1. Reservedecke oder Mantelsack für eigene Stehfläche benutzen.

Rast an einem französischen Bauernhof

Mit Pack- und Ersatzpferden unterwegs

Wer sein Pferd sachgemäss und ordentlich bepackt hat, darf auch einmal eine Galoppade einlegen.

Lagerfeuerstimmung begeistert nicht nur die Kleinen...

Ist das ein Weg oder eine Sackgasse?

Solche Uferwege sind mit besonderer Aufmerksamkeit zu reiten, wie schnell tritt man hier in das Loch einer Wasserratte oder ähnliches.

Versandung

2. Das Pferd von Sattel und Zaumzeug befreien, wenn möglich den Woilach unter dem Pferd ausbreiten.
3. Das lange Seil (20 Meter) am Halfter befestigen und als Leitseil zum standfesten Ufer nehmen.
4. Wenn sich das Pferd jetzt nicht aus eigener Kraft befreien kann, auf sich aufmerksam machen und fremde Hilfe holen.

Die bekannten Gefahrenstellen sind in der Karte des Handbuches markiert (oberer Flusslauf, Briare abwärts), doch sollte man daran denken, dass die Loire ihr Bett ständig verändert.

Deshalb: auch einladende Sandstrände erst prüfen oder meiden.

Anfänger sollten ohnehin grundsätzlich das Durchreiten fremder Gewässer unterlassen.

Route 1 – Wanderreiten mit dem eigenen Pferd

Die Strecke von Paray-le-Monial bis Saumur umfasst ca. 600 Kilometer.
Ausgangspunkt des Trekkingrittes ist der »Club Hippique«, eine moderne Reitanlage mit Reithalle, Springgarten, grossen, hellen Boxen und einer gemütlichen Reiterstube (Reiterstuben in Reitanlagen Frankreichs sind keine offiziellen Gaststätten, sondern klubinterne Einrichtungen).
Die weiteren Adressen der Unterkünfte sind aufgrund von Tips und Empfehlungen unterwegs gesammelt worden.
Da die Zeit Veränderungen hinsichtlich Adressen und Naturwege mit sich bringen kann, wären Verlag und Autoren dankbar, wenn Sie uns diese mitteilen würden.

1. Kurzbeschreibung der Route Paray-le-Monial – Beaulieu

In Paray-le-Monial entlang dem *Canal du Centre* in Richtung Digoin, bei Digoin den Pont Canal überqueren; hier beginnt der *Canal latéral à la Loire*. Entlang dem *Canal latéral à la Loire* ist der Kanalweg ebenmässig, gut erhalten und grasbewachsen. An den Anlegestellen für die Kanalschiffe finden Sie die gleichen **Zeichen**, wie in den Tabellen, die Auskunft über die anliegenden Ortschaften geben.
Von Paray-le-Monial bis Briare bieten sich kilometerlange Trab- und Galoppeinlagen geradezu an. Gutes Vorwärtskommen in abwechslungsreicher Landschaft.
Bei Gimouille mündet die Allière in die Loire. Die Allière ist hier zwar steinig, aber bei flachem Gewässer lässt sie sich gut mit dem Pferd durchqueren, auf der anderen Seite folgt die Route wieder dem *Canal latéral à la Loire*.
Etappen:
Paray-le-Monial bis Digoin 2 Stunden. Digoin – Diou 4 Stunden. Diou – Beaulon 2,5 Stunden. Beaulon – Gan-

Wegmarkierungen: keine

Tabelle örtlicher Einrichtungen:

	H	R	🏠	🏠	△	👥	▢	SNCF	✚	*i*	🛠
Paray-le-Monial	X	X		X	X			X	X	X	X
Digoin	X	X					X	X	X	X	X
Diou	X	X		priv	X		X	X	X	X	X
Gannay-sur-Loire		X		priv.		X	X				
Decize	X	X			X		X	X	X	X	X
Imphy	X	X		X	X		X	X	X	X	X
Nevers	X	X			X		X	X	X	X	X
Sancerre	X	X				X	X				
Cosne-Cours-sur-Loire	X	X			X		X	X	X	X	X
Lère		X			X						
Bonny-sur-Loire		X				X	X	X			

nay-sur-Loire 3 Stunden. Gannay-sur-Loire – Avril-sur-Loire 2,5 Stunden. Avril-sur-Loire – Imphy 3 Stunden. Imphy – Nevers 1,5 Stunden. Nevers – Argenvières 4,5 Stunden. Argenvières – Thauvenay 4 Stunden. Thauvenay – Cosne-Cours-sur-Loire 2 Stunden. Cosne-Cours-sur-Loire – Beaulieu 2 Stunden.

Kartenmaterial: Kümmerly + Frey, Maßstab: 1:200000, Karten Nr. 11 + 12

Zeichenerklärungen:

Symbol	Bedeutung	Symbol	Bedeutung
HR	Hotel-Restaurant		begrenzte Einkaufsmöglichkeit
H	Hotel		Post
R	Restaurant	SNCF	Zug
	Gîte d'Etape	+	Apotheke
	Reitstall	*i*	Verkehrsverein (Information)
△	Campingplatz		alle Einkaufsmöglichkeiten
□	einzelstehendes Haus		
	Schleuse	Gr.	großer markierter Wanderweg
⩔	Panoramablick	— —	beschriebener Reitweg
×	unreitbar	— —	kreuzender Feldweg
	Reitverbot	—<	reiten mit erhöhter Aufmerksamkeit

Verzeichnis der Unterkünfte

Unterkünfte:	**Art der Unterkünfte:**
Club Hippique Paray-le-Monial	moderne Reitsportanlage, mit Reiterstube. 2 Kilometer ausserhalb der Stadt
Roux Janky Diou Tel.: 70 42 95 97	privat, Möglichkeiten zum Zelten, Weide 1 Kilometer bis Hotel in Diou
Chr. Chanläk Dom. du Theil Soligny-sur-Roudon Tel.: 70 42 91 12	Domaine, Weiden und Boxen für Pferde, Übernachtungsmöglichkeit für Reiter auf Anfrage, ca. 5 Kilometer bis Diou
Paul et Michèlle Bourbon Lancy Tel.: 85 89 23 26	privat, vorher anrufen
Gannay-sur-Loire a la Ferme Tel.: 70 43 48 11 Tel.: 70 43 48 73	den Bürgermeister anrufen, er stellt Weiden für die Pferde zur Verfügung und sorgt für Übernachtungsmöglichkeit für die Reiter
Manège de Marigny Imphy Tel.: 86 68 72 34	moderne Reitanlage, Boxen und Weiden am Ortsausgang Imphy
Foiny et Michel Argenvières Tel.: 48 76 57 02	Gîte d'Etape mit Weiden für die Pferde
Château de Thouvenay Tel.: 48 79 90 33	Schloss mit Gästezimmer, Pferdezucht. Gästeweiden und Boxen für Gastpferde

Claude Places private Pferde- und Doggenzucht,
»les Rousseaux« Weiden für Gastpferde
Belleville-sur-
Loire
Tel.: 38 35 87 44

Hufschmiede: **Tierärzte:**
Hervé Letheux Rousselet Mennier Tel.: 85 89 72 99
Tel.: 86 59 56 71 Tel.: 85 89 72 13
Jean Nizon Dr. Gilliaux Tel.: 86 25 25 87
Tel.: 48 58 70 99 G. Eynière und
 J. Lougatte Tel.: 86 58 11 90
 Dr. D. Bulteau Tel.: 48 72 10 07
 Dr. M. Meresse Tel.: 86 39 20 67

Karten und Wegebeschreibungen

Ankunft
Paray-le-Monial, eine kleine mittelalterliche Stadt, liegt an der Bourbince. Gegründet wurde Paray-le-Monial als Benediktinerkloster und ist heute ein vielbesuchter Wallfahrtsort. Zur Altstadt gehören Häuser aus dem 12. bis 16. Jahrhundert. Paray-le-Monial ist Partnerstadt von Bad Dürkheim.
Zu den besonderen Sehenswürdigkeiten gehört die in Anlehnung an die berühmte Abteikirche von Cluny im 12. Jahrhundert entstandene Basilique du Sacré-Coeur. Nicht weit von hier befindet sich die neuromanische Chapelle de la Visitation. Sie steht an der Stelle, wo die heilige Marguerite-Marie Alacoque ihre ersten Erscheinungen hatte. In einem gläsernen Sarg in der rechten Seitenkapelle werden die Reliquien von Marguerite-Marie aufbewahrt.
Wer sich für alte Meister interessiert, sollte das Musée du Hieron besuchen. Ausgestellt werden hier die Werke religiöser Kunst französischer, flämischer und italienischer Maler, welche in der Zeit des 16., 17. und 18. Jahrhunderts lebten.
Das Rathaus von Paray-le-Monial ist ein bemerkens-

werter Renaissancebau aus dem Jahr 1525. Seine Hauptfassade schmücken Bildnismedaillons französischer Könige. Hier am Place Guignaud trifft man auch auf den Überrest der aus dem 16. Jahrhundert stammenden Kirche, den Turm St. Nicolas.
Das Städtchen Paray-le-Monial ist vom bäuerlichen Kleinstadtleben geprägt. Gut bürgerliche Restaurants, Cafes sowie Einkaufsmöglichkeiten, um sich für den weiteren Weg zu rüsten, sind vorhanden.
Wer von hier aus seine Entdeckungsreise mit dem Pferd startet, kann sein Transportfahrzeug im Club Hippique abstellen. Per Bahn (SNCF) ist das Fahrzeug leicht nachzuholen.

1. Tag

Nach einem Ruhetag ziehen wir mit den Pferden weiter. Wir benutzen den Kanalweg des Canal du Centre, ein grasbewachsener Naturweg, der parallel mit der Loire in Richtung Diou verläuft. Kanalwege wurden für die Zugpferde, die früher die unmotorisierten Schiffe durch die Kanäle zogen, angelegt und sind heute für den Wanderreiter ideale Wegverbindungen.
Die Pferde greifen kräftig aus, sie sind lange Wanderungen gewöhnt, und in wenigen Minuten ist das kleine Städtchen Paray-le-Monial hinter uns verschwunden.
Um uns herum eine wunderschöne Landschaft, links der Kanal, ab und zu ein Angler, rechts riesige Weiden mit einer grossen Anzahl Charolais-Rinder.
Zwei Stunden später überqueren wir bei Digoin die Loire. Wir nutzen dafür den Seitenweg der Kanalbrücke. Am anderen Ufer der Loire eine Picknickpause, die Pferde bedienen sich des üppigen Grüns am Ufer.
Es ist schon erstaunlich, die Bourbince, auf der Schiffe fahren, überquert die Loire. Der Pont-Canal bei Digoin wurde von 1834–1838 erbaut, steht auf 11 Bögen und überspannt mit einer Länge von 243 Metern die Loire.
Wir sind jetzt am Canal latéral à la Loire. Wir ziehen weiter, links der Kanal, rechts die Loire, eine grüne

Landschaft, durch die wir reiten, ab und zu mal ein Kanalschiff, hier und da an der anderen Seite des Kanals ein kleines Schloss.

Am Abend treffen wir mit den Pferden in Diou ein. Diou ist eher ein Dorf als ein Städtchen, aber man bekommt alles, was man zum täglichen Leben braucht. Hotels, Restaurants, Einkaufsmöglichkeiten etc. sind vorhanden. Unsere heutige Unterkunft hatten wir bei Chr. Chanläk in der Domaine du Theil vorgesehen, lernten dann aber Roux Janky kennen, der uns seine Weiden für die Pferde anbot und uns zum Abendessen einlud.

2. Tag

Nach dem Frühstück mit Roux und seiner Frau ein kurzer Einkaufsbummel im Dorf. Wir nehmen alles Notwendige für die Feldküche mit. Anschliessend die tägliche Routine: Pferdepflege, Hufkontrolle, zweimal pro Woche werden die Hufe mit Hufsalbe behandelt (siehe Thema: Der Huf), satteln, packen.

Die Pferde waren die ganze Nacht auf der Weide, ihre Kraftfutterration erhielten sie schon vor dem Frühstück, jetzt kann es weitergehen. Wir reiten entlang dem Kanalweg Canal latéral à la Loire in Richtung Decize. Eine unverändert schöne Landschaft, der grasbewachsene Kanalweg ermöglicht ein gutes Vorwärtskommen.

Am Abend treffen wir in Gannay-sur-Loire ein, ein Dorf in der Nähe von Decize. Der Bürgermeister von Gannay, selbst ein Pferdezüchter, bietet uns seine leerstehende Farm zur Übernachtung mit unseren Pferden an.

In Gannay-sur-Loire gibt es zwei gutbürgerliche Restaurants und einen »Tante Emma-Laden«. Um in einem Hotel zu übernachten, muss man weiter bis Decize.

In Decize, ebenfalls ein kleines, mittelalterliches Städtchen, befindet sich die Burg der Grafen von Nevers. Zur Kirche St. Aré gehört eine Krypta, vermutlich merowingisch. (Merowinger = fränkisches Königsgeschlecht im 7. Jahrhundert)

3. Tag

Heutiges Ziel ist Imphy. Kurz hinter Avril-sur-Loire mündet der Acolin in die Loire. Ein romantischer Platz, der uns während der Mittagszeit zum Baden einlädt. Es sind noch gut drei Stunden in zügigem Tempo zu reiten bis Imphy. In Imphy finden die Pferde im Reitstall Manège de Marigny Unterkunft. Direkt neben dem Reitstall liegt das Château de Marigny, ein kleines Schloss, das sein Besitzer zum Restaurant ausbaute.

4. Tag

Ein Besuch in Nevers: Nevers, das »Tor zum Garten Frankreichs«, ist die von den Kelten gegründete Hauptstadt des Nivernais, an der Mündung der Nièvre in den Oberlauf der Loire.
Die Innenräume des Herzogspalastes (Palais Ducal) können leider nicht besichtigt werden, doch auch so lohnt der Besuch des Schlosses. Karyatiden (Stützen in Form einer weiblichen Figur) und Säulen schmücken die Lukarnen (Dacherker) dieses Renaissancebaus in gelblichem Naturstein aus dem 16. Jahrhundert. Eine Gedenktafel erinnert an Louise Marie Gonzaga und Marie de la Grange d'Arquian, Prinzessinnen von Nevers, die beide Königinnen von Polen wurden.
Kein einheitlicher Stil ist bei der Cathédrale St.-Cyr-et-Ste-Julitte, schräg gegenüber des Palais Ducal, erkennbar. Anfang des 13. Jahrhunderts fiel die Kathedrale einem Brand zum Opfer, wurde neu aufgebaut und vom 13. bis 17. Jahrhundert immer wieder erweitert.
Im Musée Archéologique, welches im Porte du Croux (Stadttor aus dem 14. Jahrhundert) untergebracht ist, werden romanische und antike Plastiken gezeigt.
Unser heutiges Ziel sind Foiny und Michel in Argenvières, das sind rund 30 Kilometer auf dem ebenen, gut reitbaren Kanalweg. Foiny und Michel stellen den Reitern ihr Gästehaus und den Pferden ihre Weiden zur Verfügung. Am Kanalufer findet man ein kleines, einfaches Restaurant.

5. Tag

Eine knappe halbe Stunde von Argenvières liegt das kleine Städtchen La Charité-sur-Loire (Partnerstadt von Biedenkopf).
Wir besichtigen die Eglise Notre-Dame. Sie ist ein Beispiel für die Zeit der Romanik im Burgund und gehört zu einem Benediktinerkloster aus dem 11./12. Jahrhundert. Leider ist nur ein Teil der Gebäude erhalten geblieben.
Unser heutiges Ziel ist Château de Thauvenay. Dieses Schloss ist auch heute noch in Familienbesitz. Zum Schloss gehören einige Weinberge sowie die hauseigene Weinkellerei, die einen ausgezeichneten, trockenen Weisswein hervorbringt.
Rundum Pferdeweiden, denn Pferde, die meisten selbstgezogen, sind die Freude der Schlossherrin. Bis zu 12 Gastpferde werden freundlich aufgenommen, das Schloss besitzt 25 Gästezimmer.

Château de Thauvenay

Sancerre, von Weinbergen umgeben, liegt auf einem Hügel. Das Besondere an diesem Ort sind seine engen, verschlungenen Gassen mit den alten Häusern – Anziehungspunkt für Kunsthandwerker und Künstler. Eine Spezialität ist der hier hergestellte Ziegenkäse, zu dem der hiesige trockene Weisswein gut passt. Dort, wo die Häuser den Blick freigeben, sieht man das weite Hügelland mit den Weinbergen vor sich liegen.
La Tour de Fiefs ist der Rest des Schlosses der Grafen von Sancerre. Dieser weithin sichtbare Turm stammt aus dem 15. Jahrhundert. Der in der Ortsmitte stehende Wehrturm aus dem 16. Jahrhundert ist heute Glockenturm der Kirche Notre-Dame.

6. Tag

Nur ca. 20 Kilometer zum Reiten sind heute vorgesehen, zur kleinen Ranch les Rousseaux. Sie gehört Claude Place, der hier Pintos und Appaloosas züchtet. Ausserdem züchtet er Deutsche Doggen, mit Papieren und beachtlichen Erfolgen und Preisen, wie man an den Pokalen, die die Stube schmücken, sehen kann.
Claude und seine Lebensgefährtin sind herzliche Gastgeber und selbst oft auf Wanderritten unterwegs.

7. Tag

Gegen Mittag treffen wir am Loire-Ufer gegenüber von Briare ein. Die Kanalbrücke des Canal de Briare ist ein besonders schönes Bauwerk mit Lampen und Eingangssäulen im Jugendstil. Kein geringerer als Gustave Eiffel hat sie konzipiert. Bereits im 17. Jahrhundert war durch diesen Kanal, der zur Seine führt, das Loiregebiet mit Paris verbunden. Auch heute noch werden die Kanäle von Schiffen befahren, allerdings meist nur noch von Ausflugsbooten für Urlauber.
Ein kleiner Einkaufsbummel in Briare, Mittagspause und Picknick am Loireufer. Am späten Nachmittag brechen wir auf, verlassen den Canal latéral à la Loire und folgen dem Gr. 3 nach Gien.

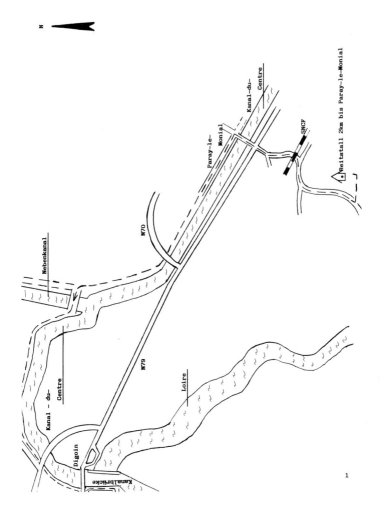

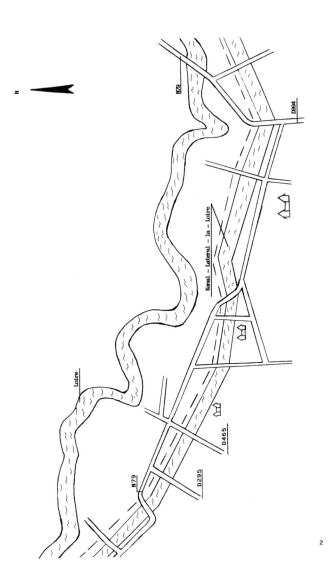

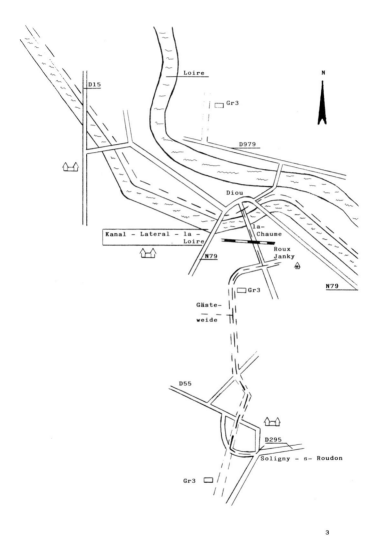

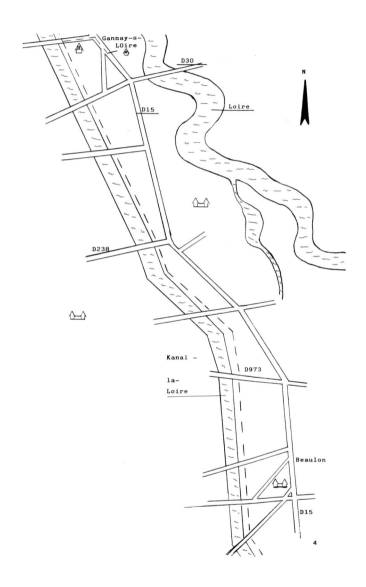

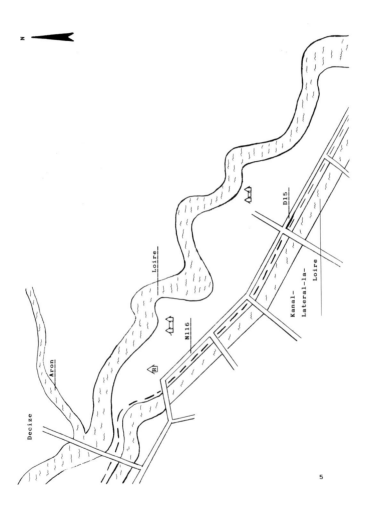

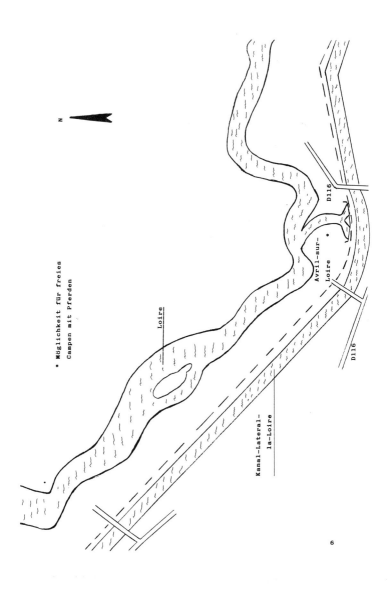

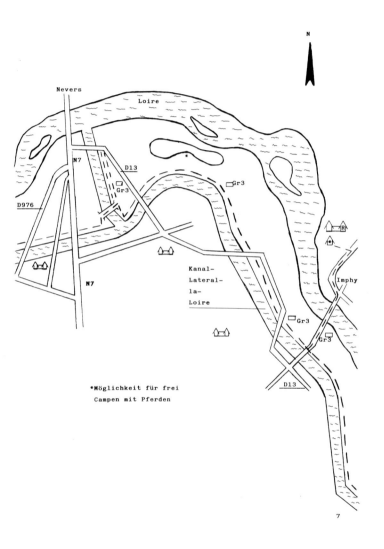

*Möglichkeit für frei Campen mit Pferden

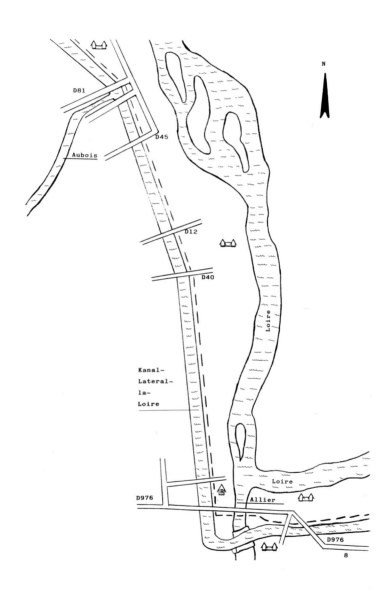

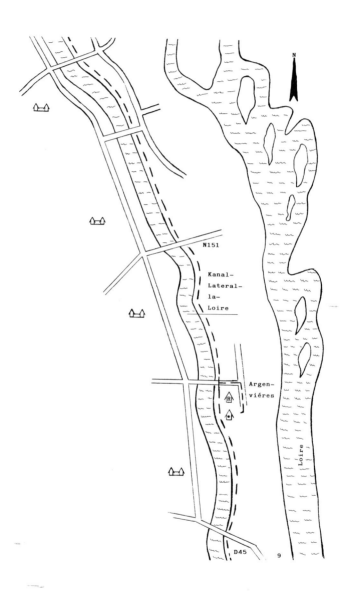

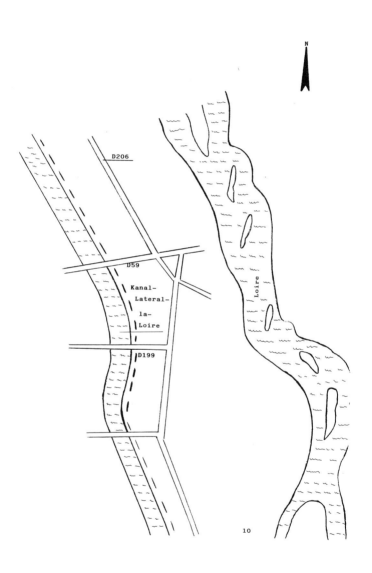

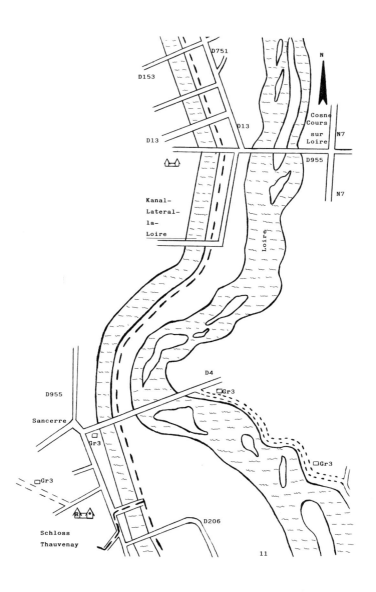

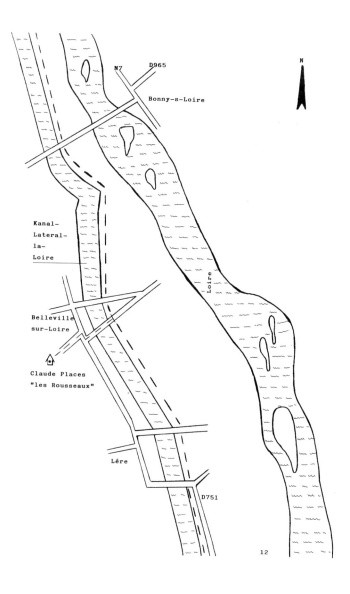

2. Kurzbeschreibung der Route Beaulieu – Candé-sur-Beuvron

Ab Briare ein Stück der Loire folgend zum Gr. 3 bis Gien. In Gien die alte Brücke überqueren, am anderen Ufer folgt der Gr. 3 weiterhin der Loire bis Arcole. Nach Arcole das Atom-Kraftwerk umgehen, weiter an der Loire entlang bis l'Orme, dann ein Stück durch den *Forêt d' Orléans* bis St. Père wieder der Loire folgend bis Jargeau, dort am anderen Ufer der Loire weiterreiten bis Sandillon. In Sandillon die Loire verlassen, in Richtung Menestreau. In Menestreau beginnt der Gr. 3c. Ebene, sandige Wege führen durch ein grosses, wunderschönes Waldgebiet nach La Ferté. Ab dort weiterhin durch Waldgebiet zum Château Chambord. Anschliessend durch den *Forêt de Chambord* zum Château Beauregard führt die Route ab Cellettes am Beuvron entlang bis Candes-sur-Beuvron.

Beaulieu – Briare 2 Stunden. Briare – Gien 2 Stunden. Gien – Benne 2 Stunden. Benne – St.-Père-sur-Loire 2 Stunden. St.-Père-sur-Loire – St. Benoît-sur-Loire 2 Stunden. St. Benoît-sur-Loire – Châteauneuf-sur-Loire 2 Stunden. Châteauneuf-sur-Loire – Sandillon 3 Stunden. Sandillon – Menestreau-en-Villette 3 Stunden. Menestreau-en-Villette – Ligny-le-Ribault 3 Stunden. Ligny-le-Ribault – La Ferté 3,5 Stunden. La Ferté – Chambord 3,5 Stunden. Chambord – Candé-sur-Beuvron 3 Stunden.

Verzeichnis der Unterkünfte

Unterkünfte:	Art der Unterkünfte:
Campingplatz St. Père-sur-Loire Tel.: 38 36 36 32	kleine Ranch mit Weiden
Jaques Fallot le Mesnil Tel.: 38 58 27 89	Gîte d'Etape, Boxen und Weiden

Wegmarkierungen: ▨ GR 3   ▨ GR 3c   ▨ GR 31

Tabelle örtlicher Einrichtungen:

	H	R	🏠	🏠	△	⛺	✉	SNCF	✚	*i*	🛠
Briare	X	X			X		X	X	X	X	X
Gien	X	X			X		X	X	X	X	X
Ouzouer-sur-Loire						X					
Sully-sur Loire	X	X			X		X	X	X	X	X
Châteauneuf-sur Loire	X	X	X		X		X	X	X	X	X
Jargeau	X	X			X		X	X	X	X	X
Sandillon	X	X				X	X				
Menestreau-en-Villette		X				X	X				
La Ferté		X	X		X	X	X				
Thoury		X				X					
Chambord	X	X		X							
Candé-sur-Beuvron	X	X			X	X	X				
Blois	X	X			X		X	X	X	X	X

Centre Équestre des 4 Routes Menestreau-en-Villette Tel.: 38 76 92 77	Gîte d'Etape, Reit- und Handelsstall
»Les Ecuniers de Saint-Cyr« La Ferté	Gîte d'Etape, Reitstall mit Weiden und Boxen
»La Caillère« Candé-sur-Beuvron Tel.: 54 44 03 08	Hotel, vorher anmelden – der Wirt stellt Weiden zur Verfügung

Hufschmiede:
Jean-Marie Coeur
Tel.: 38 92 42 50
M. Clement
Tel.: 38 58 41 06
G. Sirieix
Tel.: 54 88 22 26
P. David
Tel.: 54 70 80 48

Tierärzte:
Dr. Souiche   Tel.: 38 36 20 05
Dr. Golliard   Tel.: 38 58 41 06
Dr. Touaibia   Tel.: 54 20 70 11

Karten und Wegebeschreibung

In Gien finden wir Unterkunft auf dem Campingplatz, das Loireufer dient den Pferden als Weide. Claude bringt uns am Abend und am nächsten Morgen noch je eine grosse Ration Kraftfutter für die Pferde vorbei.
Gien – da denkt mancher gleich an kostbares Porzellan, doch während eines Wanderrittes muss man von Käufen dieser Art wohl abraten...
Das Schloss aus rotem Ziegel ist schon von weitem zu sehen. Der Bau wurde 1484 von Anne von Beaujeu, Tochter Ludwigs XI., initiiert. Da Gien mitten in einem der von den Königen so geschätzten Jagdgebieten liegt,

Kanalbrücke bei Briare

versteht sich der traditionelle Ledermarkt von selbst. Ebenso das Jagdmuseum im Schloss, welches Trophäen, Waffen, Gemälde und Keramik mit Jagdmotiven zeigt.

8. Tag

Auch wenn die Loire im Sommer recht flach ist, benutzen wir die Brücke, um sie zu überqueren.
Mit Pferden, die mit Gepäck und Ausrüstung für einen Wanderritt beladen sind, sollte man es nicht riskieren, ein auch noch so friedlich aussehendes Gewässer zu durchqueren.
Die Kleinstadt Gien haben wir am rechten Ufer der Loire schnell hinter uns gelassen und sind wieder auf dem Gr. 3. Wir müssen noch ein Atomkraftwerk umreiten, dann geht es am Loireufer entlang bis Ouzouer-sur-

Loire. Hier reiten wir ein Stück an der D119 entlang und dann durch den Forêt d'Orléans nach St. Père-sur-Loire, gegenüber von Sully-sur-Loire. Auf dem Campingplatz, zu dem eine kleine Ranch gehört, finden wir Unterkunft.

Sully-sur-Loire

Das Schloss von Sully stammt aus der Zeit des Hochmittelalters. Ein kleiner Einblick in die Geschichte:
Durch den Vertrag von Troyes (1420) wurde Heinrich V., König von England, zum Regenten Frankreichs ernannt.
Der Dauphin (Thronfolger, späterer Karl VII.), Sohn des Karl VI., des »Wahnsinnigen«, war demnach enterbt, konnte sich aber ab 1422 südlich der Loire als König durchsetzen. Ihm kam Jeanne d'Arc – die Jungfrau von Orléans – zu Hilfe.
Jeanne hatte durch »himmlische Stimmen« den Auftrag erhalten, Frankreich aus der Knechtschaft der Engländer zu befreien und den Dauphin in Reims zum rechtmässigen König Karl VII. krönen zu lassen.
Nach ihrem erfolgreichen Loirefeldzug (1429) traf Jeanne den Dauphin, der sich zu jener Zeit auf Schloss Sully aufhielt, und man beschloss nun endgültig seine Krönung.
Damals war das Schloss in Besitz der Herzöge de La Trémoïlle.
Von 1602 bis 1962 gehörte es den Herzögen von Sully und Grafen von Béthune-Sully, heute ist es Eigentum des Departement Loiret.
Maximilien de Béthune (Herzog von Sully) kaufte das Schloss im Jahre 1602 und ordnete unter König Heinrich IV. die Staatsfinanzen und belebte die Wirtschaft – freilich auf den Rücken seiner Untergebenen: 260 königliche Fabriken entstanden, ein Arbeitstag zählte 16 Stunden und mehr, auch an Feiertagen musste gearbeitet werden. König Heinrich IV. belohnte die Verdienste Sullys, indem er die Herrschaft im Jahre 1606 zum Pair-Herzogtum erhob.

Sully legte den ergeizigen Plan Heinrichs IV., Europa in 15 gleichberechtigte Staaten aufzuteilen, die ein ewiges Friedensbündnis miteinander schliessen sollten, schriftlich nieder. Als Führer der Hugenotten wurde Heinrich IV. 1610 in Paris von dem katholischen Fanatiker François Ravaillac ermordet.
Voltaire (1694–1778), französischer Schriftsteller und Philosoph, hatte mit seinen Ideen wie Menschenwürde, Toleranz und kultureller Fortschritt einen schweren Stand in einer von Prunk und Machtgier beherrschten Zeit. Als er aus Paris verbannt wurde, fand er Zuflucht im Schloss Sully und führte im Saal des oberen Stockwerkes seine Tragödie »Artémis« auf.
Eine Besonderheit in der Architektur Schloss Sullys:
Der Dachstuhl des spitzgiebeligen Donjons hat die Form eines umgedrehten Schiffrumpfes und zeigt damit eindrucksvoll die mittelalterliche Handwerkskunst.

9. Tag

Wer gerne Châteauneuf-sur-Loire besichtigen möchte, hat keinen allzu anstrengenden Ritt vor sich. Die Pferde werden bei Jaques Fallot eingestellt, wo auch die Reiter ihre Unterkunft finden.

Châteauneuf-sur-Loire
Châteauneuf ist ein ziemlich »junges« Schloss, es wurde im 18. Jahrhundert neu errichtet. In seinen Räumen findet man ein Museum, das die Loireschiffahrt dokumentiert.
Im Sommer, wenn der Rhododendron in verschwenderischer Fülle blüht, ist der Park des Schlosses besonders schön.

10. Tag

Dass der gestrige Tag schonend für Pferde und Reiter war, zahlt sich heute aus.
Durch den Park von Châteauneuf-sur-Loire, entlang der Loire, geht es nach Jargeau. Hier treffen wir wieder

auf den Namen Jeanne d'Arc – bei Jargeau fanden Kämpfe während des Loirefeldzugs statt. Da wir die Grossstadt Orléans umgehen wollen, überqueren wir die Loire und schlagen die Richtung nach Chambord ein. Ab Jargeau sind wir den Rest des Tages auf der Strasse, kleine Landstrassen, kaum Autoverkehr. Vorbei an einer herrlichen Rosen- und Baumschulkultur, dann ein kleines Schlösschen mit wunderbarem Park (Privatbesitz) und schliesslich kommen wir bei einem nicht unbekannten Schmetterlingszüchter und -sammler vorbei, der uns die schönsten Exemplare aus aller Welt präsentiert.

Jetzt ist es nur noch eine knappe halbe Stunde bis zum Reitstall 4 Routes. Im Reitstall sind die Pferde sehr gut versorgt, es sind sogar Mehrbettzimmer (Gîte d'Etape) für die Reiter vorhanden.

Nach einer erfrischenden Dusche begeben wir uns ins Restaurant der Domaine du Ciron und lassen uns die lokalen Köstlichkeiten und den Wein der Region gut schmecken.

11. Tag

Ab Menestreau-en-Villette folgen wir dem Gr. 3c. Ein Wald, der fast soviele Schlösser wie Bäume beheimatet. Die Wege sind eben und der Boden leicht sandig. Es ist herrlich, hier zu reiten. In Gehegen werden seltene Fasane gezüchtet.

Am Abend erreichen wir den Reitstall Les Ecuniers de Saint-Cyr in La Ferté. Der Reitstall hat ein kleines Restaurant und Gîte d'Etape-Unterkünfte für Reiter und Feriengäste. Direkt gegenüber befindet sich ein kleines, jedoch sehr hübsches Schloss (Privatbesitz).

12./13. Tag

Von La Ferté sind es gerade gut drei Reitstunden bis Chambord. Chambord besitzt selbst einen Reitstall mit sehr schönen Koppeln, auf denen Zuchtstuten (Selle Français) mit ihren Fohlen weiden.

Chambord

Chambord – das grösste aller Loire-Schlösser sowie das grösste Renaissance-Schloss Frankreichs

Mit einem Labyrinth aus 440 Räumen, 365 Fenstern, 70 Treppenaufgängen steht das Schloss in der Sologne auf einem Areal von 5500 Hektar – teilweise Park, hauptsächlich jedoch Jagdgebiet. Hunderte von Handwerkern waren mit seinem Bau beschäftigt.
Chambord ist das Ergebnis des Bestrebens Franz I., sich selbst darzustellen, ohne die schlechte finanzielle Lage, Missernten und Seuchen, die das 16. Jahrhundert mit sich brachte, zu berücksichtigen. Der Architekt Chambords ist unbekannt, vermutet wird, dass Leonardo da Vinci an Plänen zum Schloss mitgearbeitet hat.
Chambord und das im benachbarten Blésois liegende Schloss Blois, sind Beispiele, wie sich in der Renaissance

italienische Kunst mit Französischer Tradition vereint. Nach dem Tod Franz I. führte sein Sohn Heinrich II. die Bauarbeiten weiter. Ludwig der XIV. (»Sonnenkönig«) ging in Chambord auf die Jagd: Das Schloss erfüllte seinen Zweck weniger als Wohnstatt, sondern war vielmehr Jagddomizil und Ort für festliche Gelage. Als Schützling Ludwigs XIV. führte Molière im Ballraum erstmals sein Stück »Der Bürger als Edelmann« auf.
Nach Ludwig XV. und dessen Schwiegervater Stanislas Leszczyński (Polenkönig, wurde vertrieben), ging das Schloss auf Marschall Moritz von Sachsen über, der jedoch erst kleinere Räume einbauen lassen musste, um dort wohnen zu können und anschliessend ein ausschweifendes Leben führte.
Während der französischen Revolution (Paul-Louis Courir: »Gott bewahre jeden anständigen Menschen, ein solches Haus bewohnen zu müssen«) wurde fast das gesamte Inventar geplündert oder verkauft. Nachdem Schloss Chambord lange leerstand, schenkte Napoleon es seinem Marschall Berthier. Schliesslich sollte es Heinrich V., Graf von Chambord, erhalten. Seine Erben verkauften es 1930 an den Staat.

Nur eine Stunde weiter erreicht man das Jagdschloss Beauregard im Waldgebiet des Forêt de Russy. Schloss Beauregard wurde um 1550 von Jean du Thier, Humanist und Staatssekretär Heinrichs II. erbaut.
Ursprünglich war das Schloss ein Landgut mit Wirtschaftshof, Obst-, Wein- und Ziergärten, wie man es auf den Stichen von Jacques Androuet du Cerceau sehen kann. Das Schloss beherbergt eine Portraitgalerie, die ihresgleichen sucht: 363 Originalportraits können betrachtet werden, darunter Jeanne d'Arc und das Geschlecht der Valois. Der Fussboden der Galerie besteht aus kostbaren Delfter Kacheln. Eine weitere Kostbarkeit ist das Cabinet des Grelots, das Glöckchenkabinett mit seiner wunderschönen Kassettendecke.

Blois

Vielleicht geht es Ihnen so, wie Victor Hugo im Jahr 1825, als er aus der Postkutsche stieg:
»Ich öffnete meine Augen und sah tausend Fenster auf einmal, ein unregelmässiges Gewirr von Häusern und Türmen, dazu ein Schloss; auf dem Hügel ein Ring riesiger Bäume, am Flussufer die Giebel der Häuser; eine alte Stadt, die sich am Hang wie ein Amphitheater ausbreitete.«
Blois, die Hauptstadt des Département Loire-et-Cher wurde auf zwei Hügel gebaut, sie ist Partnerstadt von Waldshut-Tiengen.
Im Unterschied zu dem stilistisch einheitlichen Chambord, ist das Schloss Blois eine Komposition verschiedener Stile, die seine bewegte Geschichte widerspiegeln.
Im 13. Jahrhundert wurde das Schloss von den Grafen von Blois gebaut. Aus dieser Zeit stammt das Eckgebäude, der älteste Teil des Schlosses. Ludwig von Orléans kaufte die damals noch schmucklose Festung im Jahr 1397. Karl von Orléans, der Sohn Herzog Ludwigs, fühlte sich mehr zur Dichtung als zu Kämpfen hingezogen und besass das Geschick, das Schloss wohnlicher zu gestalten.
Dessen Sohn, der zukünftige König Ludwig XII., wählte Blois als königlichen Wohnsitz und fing gleich damit an, das Schloss umzubauen. Um 1500 fügte er den L-förmigen Flügel und die gotische Kapelle sowie grosse Terrassengärten nach italienischem Vorbild hinzu. Über dem Portal zum Innenhof befindet sich ein lebensgrosses Reiterstandbild Ludwigs XII., das ein Pferd im Passgang zeigt. Das Standbild ist allerdings eine Nachbildung, das Original wurde während der Französischen Revolution zerstört.
Franz I. führte die Bautätigkeiten weiter. Schliesslich beendeten die Religionskriege die Erweiterungen.
Der Flügel Franz I. ist ein Meisterwerk der Renaissancearchitektur. Über den achteckigen Treppenturm sagte Flaubert: »fein ziseliert, wie ein zum Leben erwach-

ter Scherenschnitt, geschnitten wie die hohen Krägen der grandes dames, die vor 300 Jahren über diese Stufen stiegen«.
Italienische Gliederungselemente wurden übernommen und unbefangen integriert; die Fenster sind unterschiedlich gross, mal mit, mal ohne Fensterkreuz, hier und da ein kleiner Balkon, Verzierungen. Dies alles verleiht der Fassade eine grosse Lebendigkeit. Trotzdem erkennt man, dass das Geld für den Bau knapp war, denn die Verzierungen wurden nicht immer vollständig ausgeführt, sondern teilweise nur angedeutet.
Franz I. heiratete auf Schloss Blois Claude de France, die Tochter von Ludwig XII. und Anne de Bretagne. Er selbst hielt sich jedoch lieber auf Chambord auf, wo er seinem Jagdvergnügen nachging. Nach Claude de France ist die Pflaumensorte »Reineclaude« benannt.
Einer der am besten erhaltenen Räume ist das Kabinett von Katharina von Medici im ersten Stock. Die wohl grösste Intrigantin ihrer Zeit besass hinter der mit Arabesken geschmückten Wandtäfelung zahlreiche Geheimfächer, in denen sie, ausser wichtigen Staatspapieren, sicher auch Gift versteckte.
Heinrich III., der Sohn von Katharina und Heinrich II., wohnte im 2. Stock. Als er 1588 seine Nachfolge regelte und befürchtete, selbst abgesetzt zu werden, liess er hier den zu einflussreich gewordenen Herzog Heinrich von Guise ermorden. Im ältesten Teil des Schlosses befindet sich die »Salle des Etats«, der alte Herrschaftssaal, wo die Grafen von Blois ihre Audienzen gewährten, Recht sprachen und Feste feierten.
Als Gaston d'Orléans die Grafschaft von Blois als Apanage erhielt, liess er einen Teil der Gebäude, vor allem die des Karl von Orléans, abreissen und einen neuen Flügel mit Hilfe von François Mansart errichten. Geplant war ein völliger Neubau. Diese Absicht wurde zunichte gemacht durch die langersehnte Geburt eines Sohnes von Anna von Österreich, der der zukünftige König Ludwig XIV. (»Sonnenkönig«) werden sollte. Da Gaston d'Orléans nun keine Aussichten mehr auf den Thron hatte, sperrte Richelieu ihm die finanzielle Unterstützung.

Im Innenhof steht ein Rest der mittelalterlichen Schlossbefestigung, der Foix-Turm. Vom Turm aus fällt der Blick auf die im 12. und 13. Jahrhundert erbaute Kirche St. Nicolas, sie gehörte früher zu einer Benediktinerabtei. Seit der Französischen Revolution werden die Klostergebäude als Krankenhaus genutzt.
Neben dem Schloss ist die Kathedrale St. Louis der zweite markante Punkt in der Silhouette der Stadt. Als ein Orkan sie 1678 teilweise zum Einsturz brachte, wurde sie auf das Engagement von Marie Charron hin, die mit dem Finanzminister Ludwigs XIV. verheiratet war, wieder aufgebaut. Die Krypta unter dem Chor stammt aus dem 10. und 11. Jahrhundert.
An die Apsis der Kathedrale schliesst der ehemalige Bischofspalast mit seinem Terrassengarten an. Heute befindet sich in dem Gebäude das Rathaus von Blois.
Man sollte die Schloss- und Kirchenbesichtigungen nicht zu ernst betreiben und sich lieber mehr Zeit für einen Bummel durch die schmalen Gässchen der Altstadt nehmen. Es gibt noch viele historische Sehenswürdigkeiten zu entdecken, die trotz des Krieges erhalten geblieben sind.

14. Tag

Gerade zwei Stunden nach Aufbruch von Candé-sur-Beuvron erreichen wir das auf Felsen über dem Loireufer, in einem kleinen Wäldchen liegende Schloss Chaumont. Es hat etwas urwüchsiges, ungekünsteltes an sich. Wie es wohl im Herbst hier sein wird, wenn der Wind ums Schloss pfeift, die Bäume rauschen und die Loire, bleigrau, nach starken Regenfällen mehr und mehr Wasser führt?
Zwischen den Felsen und dem Fluss ziehen sich die Häuser des kleinen Ortes Chaumont in Form eines Strassendorfes entlang.
Entsprechend der Aufgabe, zu der Schloss Chaumont ursprünglich gebaut wurde, präsentiert es sich auch heute noch: als Wehrburg, als klassisches Loireschloss des Hochmittelalters mit mächtigen Rundtürmen, durch

seine Lage und die damaligen Burggräben sehr gut zu verteidigen. Es besitzt einen herrlichen Zedernpark.
Im 10. Jahrhundert erbaut, wurde es im 15. Jahrhundert von Ludwig XI. abgerissen, als Strafe für Pierre d'Amboise, der sich gegen den König verbündet hatte. Später erhielt Pierre d'Amboise die Erlaubnis, das Schloss wieder aufzubauen, wodurch sich sein Anblick mit dem beginnenden Einfluss der Renaissance freundlicher gestaltete. Der Nordwestflügel wurde im 18. Jahrhundert abgerissen, um die Aussicht auf die Loire geniessen zu können.
Katharina von Medici zwang ihre Rivalin Diana von Poitiers, das Schloss Chenonceau zu verlassen und nach Chaumont zu gehen. In diesem, zu Chenonceau vergleichsweise kleinen Schloss, hielt es Diana jedoch nicht lange aus und floh nach Anet, das Schloss ihrer Vorfahren in der Normandie.
1810 wurde Schloss Chaumont eine zeitlang Madame de Staël (franz. Schriftstellerin) überlassen, die von Napoleon aus Paris verbannt war. Hier schrieb sie ihr Werk »De l'Allemagne« und beeinflusste damit lange die französische Meinung über Deutschland als Land der Philosophen und Dichter. Zu Madame de Staëls Gästen gehörten auch der Philosoph und Dichter August Wilhelm Schlegel und der Naturforscher und Dichter Adelbert von Chamisso, der in einem Brief ein lebendiges Bild seines Aufenthaltes entwarf:
»Chaumont – auf dem mittäglichen linken Ufer der Loire – liegt wunderherrlich auf einer Höhe. Man hat über die Esplanade des inneren Hofes, wie von den Zinnen der alten, schönen, festen gotischen Türme, die göttlichste Aussicht über den breiten, schönen, gradfliessenden Strom und die Landstrasse fern am anderen Ufer, in eine reiche, grüne unabsehbare Ebene mit Weinbergen, Ansiedeleien, Saaten und Wäldern. Mein Fenster, an welchem ich schreibe, sieht nun aus dem Hintergebäude über den Hof – zwischen der Burgkapelle und dem anderen Flügel – diese schöne Landschaft in würdiger Einfassung. ...Man arbeitet übrigens den ganzen Tag und sieht sich in der Regel nur zu den drei Speisestunden.

Die Staël gefällt mir am Ende mehr als der Deutsche (Schlegel), sie hat mehr Lebensgefühl, obwohl sie sich etwas weniger als er auf Anatomie versteht, hat auch mehr Leben, mehr Lieb' im Leibe, sie hat das Gute der Franzosen, die Form-Leichtigkeit, Lebens-Kunst und -Anmut – sie hasset sie aber sehr bis auf ihre Freunde. – Ich passe aber in diese Welt gar nicht, ich habe mit ihr nichts gemein. Und obgleich eigentlich keinerlei Zwang angelegt ist, so entbehre ich doch allerlei Freiheit; ernstlich lieb' ich eben keinen hier, und es liebt mich auch keiner, da ging es mir doch in Berlin und selbst in Paris besser – kurz ich verschmachte an diesem »Quell Kastalia's«. Selbst das Rauchen wird einem sauer gemacht, muss ich doch, wenn es regnet, von dem Abtritt aus – ein wahrer Lustort, im Vorbeigehen zu bemerken – meinen Qualm in die gelehrte Welt blasen, denn die stachelschweinförmige britannische Feindin besetzt eine Stube neben der meinigen, von wo sie das Feuer meiner Batterien zum Schweigen gebracht hat...«

Bernard Champigneulle, Loire-Schlösser, 3. Aufl., München 1971, S. 148f.

Natürlich sind für Reiter die Stallungen auf Schloss Chaumont besonders interessant, die Prinz Amédée (das Schloss brachte seine Frau mit in die Ehe) für seine Pferde und die Ponies seiner Kinder bauen liess.

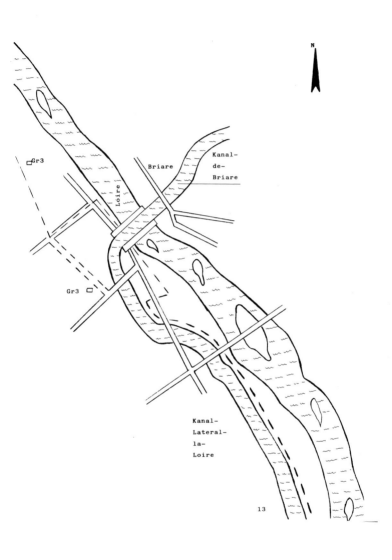

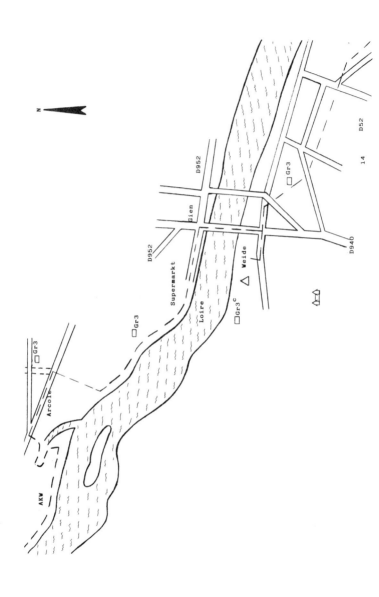

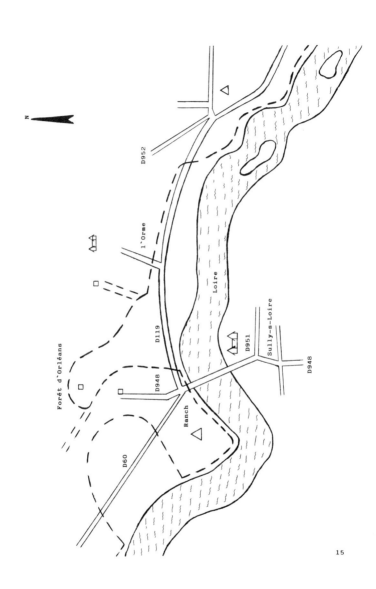

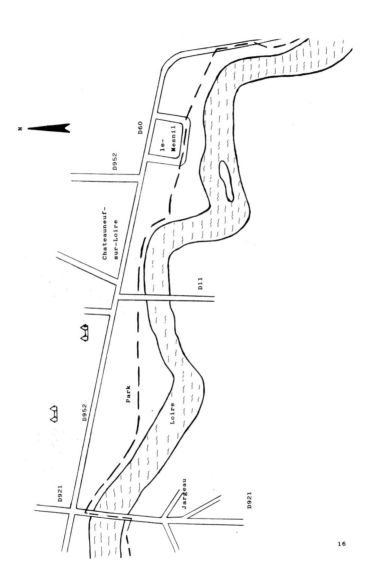

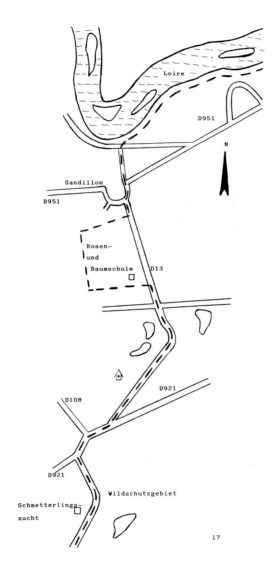

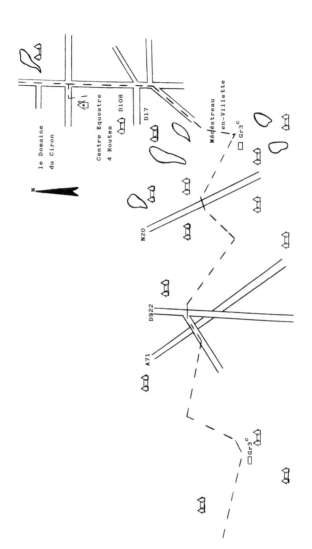

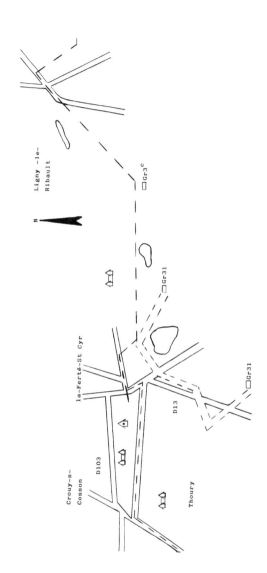

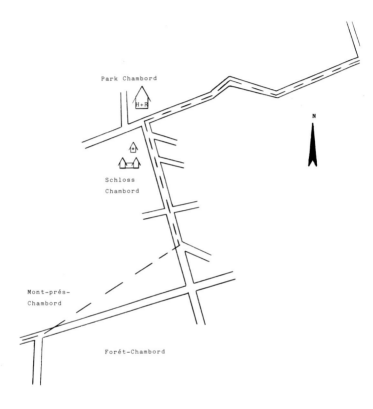

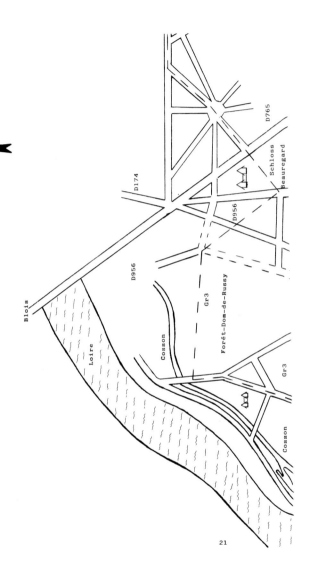

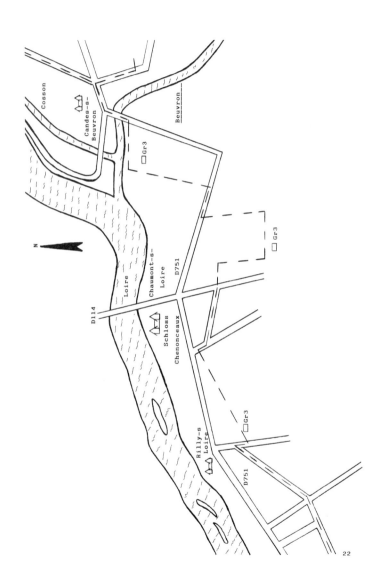

3. Kurzbeschreibung der Route Candé-sur-Beuvron – Candes-St. Martin

Wohl eine der abwechslungsreichsten Routen. Vom *Beuvron* zur *Loire*, von der *Loire* zum *Cher*, vom *Cher* zum *Indre*, vom *Indre* zur *Vienne* um dann wieder zur *Loire* zu reiten. Mal eben, mal bergig, abwechselnd auf guten Naturwegen durch Wälder und über Wiesen reiten. Hier gibt es Sonnenblumenfelder, Wein- und Obstkulturen, Höhlenwohnungen; ein ungewöhnlicher Anblick, wenn die Schafe und Ziegen auf dem »Dach« das Gras abweiden. Viele Schlösser, auch an anderen Sehenswürdigkeiten, guten Restaurants und gutem Wein mangelt es hier nicht.

Etappen:
Candé-sur-Beuvron – Chaumont-sur-Loire 2 Stunden. Chaumont-sur-Loire – Amboise 2 Stunden. Amboise – La-Croix-en-Touraine 2 Stunden. La-Croix-en-Touraine – Nitray 2,5 Stunden. Nitray – Serraults 3 Stunden. Serraults – Veigne 2,5 Stunden. Veigne – Sorigny 3 Stunden. Sorigny – Thilouze 3,5 Stunden. Thilouze – Saché 2 Stunden. Saché – Parc de Teillay 4 Stunden. Parc de Teillay – Chinon 4 Stunden. Chinon – Candes St. Martin 2,5 Stunden.

Verzeichnis der Unterkünfte

Unterkünfte:	Art der Unterkünfte:
Club Hippique la Perchais Montreuil (Amboise) Tel.: 47 30 14 76	Reitstall
Ecuric de la Hercene La Croix en Touraine Bléré Tel.: 47 57 94 12	Schloss, Gîte d'Etappe, Hotel, Reitstall

Wegmarkierungen: GR 3

Tabelle örtlicher Einrichtungen:

	H	R	🏠	🏠	△	🏕	✉	SNCF	✚	*i*	🔧
Amboise	X	X		X	X		X	X	X	X	X
La Croix en Touraine	X	X	X		X	X	X	X			
Azay-s-Cher		X			X	X	X				
Veigne	X	X		X	X	X	X	X			
Sorigny		X			X	X					
Thilouze		X			X	X					
La Cap. St. Blaise		X									
Azay-le-Rideau	X	X			X		X	X	X	X	X
Beigneux		X									
St.-Benoît-la-Forêt		X									
Chinon	X	X	X		X		X	X	X	X	X
Candes St. Martin	X	X		X	X	X					
Saumur	X	X		X	X		X	X	X	X	X

Boxes et Stabolation　　　Ranch
Veigne
Tel.: 47261317

Jean-Michel Garnier　　　Reitstall
»Le May«
Athee-sur-Cher
Tel.: 47502693

»La Ripaudière«　　　　Farm
Thilouze
Tel.: 47268736

Parc de Teillay　　　　　Gîte d'Etape
St. Benoit la Forêt
Tel.: 47580094

De Graeve Etienne　　　Reitstall
clos Cement
»La Rochelle«
Chinon
Tel.: 47931186

Association　　　　　　Ranch
»Liberty Ranch«
Candes St. Martin

Hufschmiede:　　**Tierärzte:**
M. Juttin　　　　Dr. Cassabé　　　Tel.: 47570038
Tel.: 47572701　Dr. Cabinet　　　Tel.: 47579049
Danoy Remy　　　Dr. Launay　　　Tel.: 47928302
Tel.: 47504433　Dr. Texier　　　Tel.: 47654049
Lardeau　　　　　Dr. Marty et
Tel.: 47927347　Gilbert　　　　　Tel.: 49298007
Aman Liond
Tel.: 47955527
Moynaid Guy
Tel.: 49298447

Karten und Wegebeschreibung

Wir reiten weiter, jetzt wechseln Wald und Kulturen, wir müssen auch einige Kilometer Strasse in Kauf nehmen und erreichen nach zwei Stunden Amboise. Wir reiten durch die schmalen, gepflasterten Gassen der eindrucksvollen Altstadt direkt zu einer Wiese an der Loire, wo wir unser Lager aufschlagen. Gras ist reichlich vorhanden und die Pferde sind leicht unter Kontrolle zu halten, da es nur den einen Eingang am Parkplatz gibt.
Ca. 5 Kilometer ausserhalb Amboise, auf der rechten Seite der Loire, befindet sich der Reitstall »Club Hippique«, der auch Gastpferde aufnimmt.

Amboise

Der Ausdruck »Königsstadt Amboise« ist kein Zufall. Fünf Könige lebten auf Schloss Amboise und dem römischen Kaiser Julius Caesar diente Amboise als Winterquartier. Als 1434 Karl VII. das Schloss der Herzöge von Amboise konfiszierte, gelangte es erstmalig in königlichen Besitz. Ludwig XI. liess sich auf Plessis-lès-Tours nieder und überliess Amboise seiner Frau Charlotte von Savoyen.
Durch seinen Italienfeldzug 1495 brachte Karl VIII. zwar keinen politischen Erfolg mit nach Hause, jedoch stattdessen Künstler und Handwerker wie Maler, Baumeister, Bildhauer, Kürschner und Schneider. Somit ist Karl VIII. Begründer der französischen Renaissance. Unter Franz I., der sich gern mit Künstlern und Gelehrten umgab, erreichte die Renaissance ihre Blütezeit und die Hofetikette verfeinerte sich. Frauen wurden von ihrem bisherigen Schattendasein ins höfische Leben mit einbezogen.
1516 folgte Leonardo da Vinci der Einladung Franz I., seinen Lebensabend in Frankreich zu verbringen. Als Wohnsitz erhielt er das Landschloss Clos-Lucé, in der Nähe von Amboise. Fortan war er Gast des Hofes, konnte an seinen Ideen weiterarbeiten und unterhielt den

König auf dessen zahlreichen Festen mit Feuerwerken, Bühnenkonstruktionen und Spezialeffekten, indem er z. B. durch eine Mechanik Sonne, Mond und Sterne aufgehen liess.
1560 versuchten Hugenotten den jungen König Karl IX. zu entführen. Die Entführer wurden jedoch gefasst und auf grausame Weise umgebracht, was vor allem Katharina von Medici zuzuschreiben ist, die ihren Sohn zu den Hinrichtungen aufgehetzt hatte.
Nach den Religionskriegen verlor das Schloss seine Bedeutung, während der Französischen Revolution wurde es geplündert und später ein grosser Teil abgerissen.
Von der einstigen weitläufigen Schlossanlage ist heute nur noch rund 1/4 zu sehen: der der Loire zugewandte Hauptflügel und die noch im spätgotischen Stil für Anne de Bretagne erbaute Schlosskapelle Saint-Hubert. Ihr Portal ist kunstvoll gearbeitet. Auf der linken Seite stellt ein Relief die Legende des hl. Christophorus dar, rechts die des hl. Hubertus. Der Tympanon zeigt Karl VIII. und Anne de Bretagne beim Gebet. In der Kapelle wurde Leonardo da Vinci beigesetzt.
Erhalten sind auch die beiden Türme Tour Hurtault und Tour des Minimes, in denen man mit Pferd und Wagen bis in den hochgelegenen Schlosshof fahren konnte.
Folgt man der Rue Victor-Hugo unterhalb des Schlosses, gelangt man zu Clos-Lucé, wo ein Leonardo da Vinci-Museum eingerichtet ist.
Zahlreiche Modelle, nach den technischen Entwürfen Leonardo da Vincis angefertigt, werden ausgestellt.

Die Altstadt

Besonders während der Urlaubszeit von Juli bis August herrscht ein erdrückender Tourismus in den sonst so schönen, schmalen Gassen der Altstadt. Cafes und Restaurants gibt es in allen Preislagen mit einer reichlichen Auswahl vom Hamburger bis zu feinen französischen Spezialitäten. Im allgemeinen bleiben die Preise, auch in den »besseren« Restaurants, im Rahmen.

Interessant ist das ehemalige Rathaus aus dem 16. Jahrhundert. Jetzt ist es ein Museum, das unter anderem Gemälde und Handschriften zeigt.
Der Brunnen am Loire-Deich, die Fontaine d'Amboise, ist ein Werk des Surrealisten Max Ernst.
Im Forst von Amboise befindet sich die Pagode Chanteloup, der Rest einer barocken Schlossanlage, die Anfang des 19. Jahrhunderts abgetragen wurde.

Leonardo da Vinci

Auf einem Landgut in der Berggemeinde Vinci, westlich von Florenz, wurde Leonardo am 15. April 1452 als unehelicher Sohn eines Mädchens, über welches nichts genaueres bekannt ist, und des 23jährigen Piero da Vinci, einem angehenden Notar, geboren. Kurz darauf heiratete Piero da Vinci jedoch eine andere, die 16jährige Albiera di Giovanni Amadori und nahm den Sohn zu sich. Mit etwa 15 Jahren kam Leonardo in die Lehre zu dem Maler und Erzgiesser Andrea del Verrocchio, wo er 1472 als Meister in die Malergilde aufgenommen wurde. Er blieb noch 3 bis 4 Jahre in der Werkstatt und arbeitete anschliessend als selbständiger Meister.
Leonardo konnte für seine Zeitgenossen nicht »erfassbar« sein. Zwar wurde er schon zu seinen Lebzeiten bewundert, doch ein tiefes Verstehen durfte er nicht erhoffen. Er besass keine Gönner und Mäzene, wurde vielmehr als »eigenbrötlerisch« abgetan, eine Eigenschaft, die sich kaum vermeiden lässt, wenn ein Leben von Wissensdurst und Schaffensdrang bestimmt wird.
So war Leonardo da Vinci ein Genie auf sämtlichen Gebieten:

Die Malerei:
Durch seine naturwissenschaftlichen Studien und genaues anatomisches Wissen löste er die bis dahin maskenhaften, starren Darstellungen durch natürlich wirkende Bildnisse ab. Mensch und Landschaft verschmelzen zu einer Einheit, unter Berücksichtigung der Tonstufungen und des Helldunkels (Sfumato).

Die Architektur:
Leonardo soll mit den Arbeiten am Mailänder Dom, am Dom von Pavia sowie an den Loireschlössern Amboise, Chambord (die Treppe) verbunden sein. Unter seinen Entwurfsskizzen findet man Pläne zu: Grabanlagen, mehrgeschossigen Strassen, einen Plan zur Hebung eines abgesunkenen Gebäudes, Brücken, Wasserleitungen, Schleusensysteme...

Die Naturwissenschaften:
Leonardo versuchte die Natur in allen Einzelheiten zu begreifen und fertigte Entwürfe zu Geräten und Maschinen an, die erst viel später erfunden werden sollten, wie zum Beispiel Flugapparat, Unterseeboot, Taucheranzug, Luftschraube, Fallschirm und gelangte zu Erkenntnissen in der Wellentheorie, Reflexion von Wärmestrahlung, Erkenntnisse zur Bewegungsenergie, Schwerkraft, Trägheitssatz, Fall- und Hebelgesetze, schiefe Ebene, erklärte die Unmöglichkeit eines Perpetuum mobile, erkannte die Umkehrung des Bildes im menschlichen Auge, beschäftigte sich mit Astronomie und am erfolgreichsten waren seine Studien in der Anatomie.
Da seine Entwürfe über die eigene Zeit weit hinausgingen, liegt eine gewisse Tragik in der Tatsache, dass keine seiner Maschinen je gebaut werden konnte. Keines der geplanten Bücher hatte er beenden können, seine Pläne sah er nicht verwirklicht.

15. Tag

Wir verlassen die Loire und reiten durch den Forst von Amboise in Richtung Cher.
Zur Mittagsrast kehren wir in »*Ecuric de la Hercene*« ein, ein privates Schloss mit Reitstall, Restaurant und Gîte d'Etape. Nach der Mittagspause ist es nicht mehr weit bis zum Cher. Der Cher ist ein Nebenfluss der Loire, auch an seinen Ufern reihen sich die prunkvollen Schlösser, die meisten, denen wir hier beggnen, sind in Privatbesitz.
Am linken Ufer des Chers, eine Stunde hinter Bléré,

trifft man auf den Freizeitpark mit Ponyhof und Restaurant »*la Bauaye*«. Wenn hier kein Platz für Wanderreiter und deren Pferde ist (wegen der Ponyhengste), so ist der Wirt behilflich, eine Unterkunft in der Nähe zu finden.
Nur sieben Kilometer flussaufwärts liegt das Schloss Chenonceau, welches zu den schönsten Schlossbauten im Gebiet der Loire zählt.

Chenonceau

»Eine eigentümliche Sanftheit und aristokratische Heiterkeit liegt über dem Schloss Chenonceau. Es ist am Ende einer grossen Baumallee in einiger Entfernung vom Dorfe, das sich respektvoll abseits hält, im Wasser erbaut; von Wald umgeben, streckt es inmitten eines weiten Parks mit schönen Rasenflächen seine Türmchen und viereckigen Schornsteine in die Luft...«
Gustave Flaubert, 1847

Chenonceau ist das eleganteste der Loire-Schlösser. Auf sechs anmutigen Bögen ruhend erstreckt es sich über den Cher bis zum jenseitigen Flussufer. Heinrich II. schenkte es seiner »***parfaite amie***« *(perfekten Freundin) Diana von Poitiers.*
Diana von Poitiers soll dem damaligen Schönheitsideal vollkommen entsprochen haben, intelligent und sportlich gewesen sein, also ein ständiger Dorn im Auge der Katharina von Medici. Die Feindschaft dieser beiden Frauen nimmt ebenso viel Raum in der Geschichte der Loire-Schlösser ein wie die Politik. Auf Schloss Chenonceau selbst fand nie grosse Politik statt. Es diente ausschliesslich dem Vergnügen. Diana soll im Sommer regelmässig morgens nackt im Cher gebadet haben und anschliessend auf ihrem Schimmel davongaloppiert sein. Heinrich II. musste sich etwas einfallen lassen, um ihre Ansprüche zu finanzieren und erhob eine Steuer auf alle im Königreich erklingenden Glocken.
Als Heinrich II. bei einem Turnier durch einen Unfall ums Leben kam, war der Weg für seine Gemahlin frei:

Katharina von Medici konfiszierte Chenonceau und verbannte Diana von Poitiers nach Chaumont. Nun war sie die eigentliche Drahtzieherin der Politik, ihre drei Söhne konnten sich nicht gegen sie behaupten. Unter Karl IX. kam es zur Bartholomäusnacht am 24. August 1572. Mehr als 15000 Hugenotten wurden grausam ermordet. Trotz, oder gerade aufgrund der Religionskriege feierte Katharina von Medici Feste, die nicht selten in Orgien ausarteten.

*Auf den Bällen traten ihre Hofdamen barbusig auf und für ihre unersättliche Tochter veranstaltete sie einen Transvestitenball. Es gab auf Chenonceau die »**escadron volant**«, 200 »Ehrendamen«, die dazu bestimmt waren, die Politik mit erotischen Mitteln zu beeinflussen. Man ergötzte sich an blutigen Treibjagden, maskierte sich, inszenierte »Seeschlachten« und Feuerwerke.*

Im Jahr 1513 kauften Thomas Bohier und seine Frau Catherine Briconnet das Schloss, trugen die Gebäude bis auf den Marquis-Turm ab und errichteten auf dem Unterbau einer Mühle das heutige Schloss. Die Bauarbeiten wurden von italienischen Handwerkern durchgeführt und von Frau Briconnet beaufsichtigt. Da Thomas Bohier dem Schatzamt eine hohe Summe schuldete, mussten die Erben Schloss Chenonceau König Franz I. überlassen. Schulden und Veruntreuung waren damals keine ungewöhnlichen Gründe, warum ein Schloss den Besitzer wechselte.

Diana liess von Schloss Chenonceau eine Brücke zum linken Ufer des Chers bauen. Sie entwarf auch die Parkanlagen und erbat sich Pflanzen aus den schönsten Gärten der Touraine. Der Erzbischof von Tours schickte ihr unter anderem Artischocken- und Melonenpflanzen.

Als Diana nach Chaumont verbannt worden war, trieb Katharina von Medici ihre Geltungssucht auf die Spitze. Auf die Brücke liess sie eine 60 Meter lange und zwei Etagen hohe Galerie erstellen. Sie verdoppelte die Anzahl der Fenster und liess im Garten Grotten und Brunnen anlegen. Es entstanden Felsbassins mit Schildkröten und Wasserschlangen, eine Voliere und eine Seidenraupenzucht.

16. Tag

Um die Grossstadt und Verkehrsknotenpunkt Tours zu umgehen, haben wir die Route Cher – Indre – Forst von Chinon – Vienne – Loire gewählt. Auf halbem Weg nach Veigne erreichen wir ein einzeln stehendes Restaurant, in dem wir noch eine reichhaltige »*Plat de Jour*« und einen guten Schluck Wein bekommen.
Am Abend treffen wir auf der Ranch »*Boxes et Stabolation*« ein. Die Pferde sind hier gut versorgt (auch wenn die Ranch einen etwas abenteuerlichen Eindruck macht) und zum erstenmal sehen wir einen reitenden Fuchs. Unsere Gastgeberin, die Tiere sehr liebt, hatte ihn als elternloses Jungtier gefunden und grossgezogen. Seither nimmt sie ihn, auch auf ihren Wanderritten, überall mit.
Wir werden im Haus unserer Gastgeber untergebracht und zum Abendessen eingeladen.

17. Tag

Wir reiten zum Gr. 46; ab Sorigny bis Thilouze reiten wir auf einer kaum befahrenen Landstrasse. In Thilouze finden wir Unterkunft auf der Farm »*la Ripaudière*«.

18. Tag

In Saché, am Ufer des Indre (nähere Beschreibung siehe Route 2), gelangen wir wieder auf den Gr. 3, der uns auf direktem Weg in den Forst von Chinon führt. Nun treffen wir auf die ersten bewohnten Kreidefelshöhlen.
Am Indre liegt das Schlösschen Azay-le-Rideau; es ist wohl das harmonischste der Loire-Schlösser. Wie Chenonceau besitzt es eine feminine Ausstrahlung. Im Jahre 1508 wurde von Gilles Berthelot mit dem Bau begonnen, seine Frau führte während seiner Abwesenheit die Bauarbeiten weiter. Da Gilles Berthelot Gelder unterschlagen hatte, musste er 1527 fliehen und das Schloss fiel der Krone zu.

Bei Chinon

Die Stadt Azay-le-Rideau ist nach einem Adeligen benannt. 1418 brannte der Dauphin die Stadt nieder, sie hiess deshalb lange Zeit Azay-le-Brule (verbrannt). (Weiteres siehe Route 2, 5. Tag).
Nach unserer Mittagsrast im Park gegenüber des Schlosses, reiten wir direkt in den Forst von Chinon. Am Abend finden wir Unterkunft im Parc-de-Teillay, frühzeitiges Anmelden ist hier unbedingt notwendig. Stallungen und Boxen sind zwar noch vorhanden, es besteht jedoch kein Reitbetrieb mehr. Futter, Heu und Stroh muss deshalb organisiert werden. Die Reiter übernachten in kasernenähnlichen Gebäuden mit Doppelzimmer, Dusche und WC.

19. Tag

Vier Stunden durch den Forst von Chinon, ein herrlicher Wald und wunderbare Reitwege, dann erreichen

wir das historische Chinon (Partnerstadt von Hofheim im Taunus).
Die Lage des Château Chinon im Grenzgebiet Touraine, Anjou und Poitou erforderte eine stark befestigte, wehrhafte Anlage. Schon in römischer Zeit siedelten sich Menschen auf dem Bergsporn an. Eine wichtige Rolle in der Geschichte spielte Chinon während des 100jährigen Krieges. 1429 traf hier Jeanne d'Arc zum ersten Mal den Dauphin. Die Überreste des Thronsaals, wo die Begegnung stattfand, können besichtigt werden. Die Festung stammt im wesentlichen aus dem 12. Jahrhundert und wurde im 17. Jahrhundert unter Richelieu geschliffen, wegen des protestantischen Glaubens der Einwohner Chinons, so dass heute nur noch die Ruinen vorhanden sind.
Die Anlage ist dreiteilig, jeder Teil ist durch Quergräben voneinander getrennt. Der Uhrturm die »Tour de l'Horloge« blieb als einziges Gebäude vollständig erhalten. Seine Glocke »Marie Javelle« schlägt seit 600 Jahren jede Stunde. Im Turm befindet sich ein Jeanne d'Arc-Museum. Im Donjon wurden im 14. Jahrhundert die Angehörigen des Tempelordens eingekerkert. In die Wände ritzten sie ihre letzten Lebenszeichen, bevor sie qualvoll gefoltert und in Paris langsam verbrannt wurden.
In der Altstadt kann man sich von den düsteren Eindrücken des Mittelalters wieder etwas erholen. Viele historische Häuser wurden liebevoll restauriert, wodurch zwar ihr Originalzustand verloren ging, auf jeden Fall aber das Auge erfreut wird.
Folgt man der Rue Jean-Jacques Rousseau bis zur Rue des Pitoches den Hügel hinauf, trifft man auf die Kapelle St. Radegonde. Im 6. Jahrhundert lebte hier in einer Höhle der Einsiedler Jean-le-Reclus, bei dem sich die Frankenkönigin Radegonde Rat geholt haben soll. Später wurde an dieser Stelle die Kapelle in den Felsen gehauen (Chinon siehe Route 2, 7. Tag).
Noch zwei Stunden am Ufer der Vienne entlang, links und rechts von Bäumen eingefasste Viehweiden, bis sie schliesslich in die Loire mündet. Wir überqueren die

Brücke und sind in Candes St.-Martin, wo wir auf der Liberty-Ranch übernachten.

Die Weinstrasse, die in Candes St.-Martin beginnt und in Richtung Fontevraud-l'Abbaye führt, besucht man am besten in Begleitung des Inhabers der Liberty-Ranch, er kennt sich hier bestens aus. Sehr interessante »gaves« (Wein- und Champignonkeller) sowie sehenswerte Höhlenwohnungen in den Kreidefelsen.

Auf der Liberty-Ranch kann man ruhig zwei oder drei Tage bleiben und sich in Ruhe Saumur ansehen.

In Saumur hat man Schnellzugverbindung, wenn man sein Transportfahrzeug aus Paray-le-Monial nachholen will. Beim Pferdetransport mit der Bahn wählt man den Bahnhof von Chouzé-sur-Loire.

Saumur

Schloss Saumur erhebt sich majestätisch über der Stadt und der Loire. Die Loire ist durch eine Insel geteilt, was ein beeindruckendes Bild ergibt. Früher war Saumur (Partnerstadt von Verden an der Aller) wichtiger Binnenhafen. Mit dem Widerruf des Edikt von Nantes 1685, wodurch den Protestanten sämtliche Rechte genommen wurden, sahen sich viele gezwungen, die Stadt zu verlassen. Auch wenn der Weinhandel einen völligen Zusammenbruch der Wirtschaft vermied, war doch die Blütezeit der Stadt (unter Heinrich IV.) vorbei. Damals richtete der Stadtgouverneur, der »Hugenottenpapst«, eine protestantische Hochschule ein, die Studenten aus der ganzen Welt besuchten.

Heute erlebt man Saumur wieder als pulsierende Stadt und bewundert die stolzen Patrizierhäuser. Berühmt für die trockenen, spritzigen Schaumweine, gilt Saumur auch als das Zentrum der Pilzzucht. 75 Prozent aller Speisepilze Frankreichs werden in den Höhlensystemen der Region Saumur gezüchtet. Allein um Saumur haben die in den Tuffstein geschlagenen Gänge eine Länge von über 800 Kilometer. Berühmt ist auch die Kavallerieschule Cadre Noir, die im 18. Jahrhundert gegründet wurde.

Der Cadre Noir (= Schwarzer Kader) zählt zu den bedeutendsten und ältesten Stätten klassischer Reitkunst. Im Gegensatz zur Spanischen Reitschule in Wien, die sich seit jeher als Ziel gesetzt hat, auf höchstem Niveau die klassische Reitkunst zu erhalten, ohne blockierendes Konkurrenzdenken Pferd und Reiter auf der Grundlage ihrer natürlichen Veranlagung fördernd, diente der Cadre Noir in früheren Zeiten der Landesverteidigung.

Nach seiner wechselvollen Geschichte, in der sich begnadete Lehrer mit Dilettanten abwechselten, ist heute der militärische Anspruch entfallen und seit 1972 arbeitet der Cadre Noir als Lehrkörper der zivilen Nationalen Reitschule, die dem Ministerium für Jugend und Sport untersteht.

Der tiefe, elastische Sitz der »schwarzen Reiter« ist zu ihrem Markenzeichen geworden, die Psyche des Pferdes steht bei der Ausbildung im Vordergrund. Alle Pferde, wie z. B. Anglo-Araber, Vollblüter, die bereits Rennen gelaufen sind, Selle Français, Hengste wie Stuten, werden eingesetzt.

Im Schloss befindet sich das Musée du Cheval, das die Geschichte des Pferdes über die Jahrhunderte hinweg aufzeichnet. Ein weiteres Museum, Musée des Arts Docoratifs, ein Kunstmuseum, zeigt Keramik, Emailarbeiten, Plastiken und Gobelins.

Herzog Ludwig I. von Anjou erbte 1356 das Schloss von seinem Vater Johann dem Guten und wollte sich nun einen würdigen Herrschersitz schaffen. Er baute das Schloss, noch ganz auf Verteidigung angelegt und mit vier Ecktürmen an jedem Flügel, um einen Innenhof. Die Dachpartie sollte Luxus demonstrieren und wurde deshalb mit Lukarnen, Schornsteinen, verzierten Giebeln und vergoldeten Wetterfahnen geschmückt. Durch ein mit Rundtürmchen besetztes Tor gelangt man in den Innenhof. Vom Eckturm im Westen bietet sich ein herrlicher Blick auf die Loire und die Dächer der Stadt.

Direkt an der Loire liegt die Place de la République, begrenzt wird der Platz durch das Rathaus, ein burgenartiger Bau aus dem 16. Jahrhundert und auf der anderen Seite durch ein klassizistisches Theater.

Die Kirche St. Pierre, vom Ursprung her romanisch, besitzt kostbare Gobelins aus dem 16. Jahrhundert. Im 17. Jahrhundert wurde die Kirche teilweise erneuert.
600 Kilometer stellen einige Anforderungen an Reiter und Pferd, auch wenn die Voraussetzungen für einen langen Ritt so günstig wie in Frankreich sind.
Man wird kaum die Energie finden, alle Schlösser zu besichtigen, was auch nicht nötig ist.
Wichtig ist, dass Reiter und Pferd Spass an ihrem Abenteuer haben, dass man mit Musse durch die Landschaft reitet und nicht nur die Kilometer zählt.

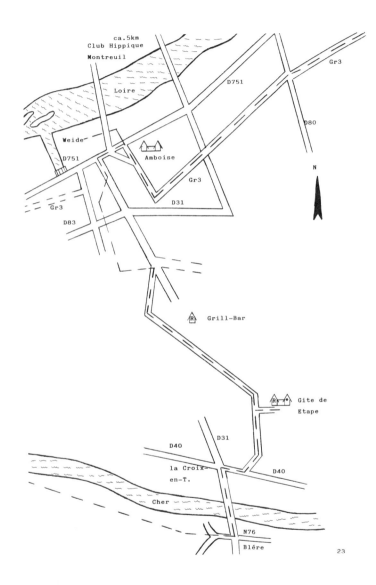

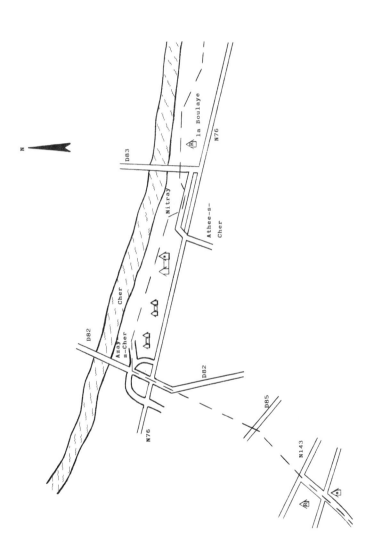

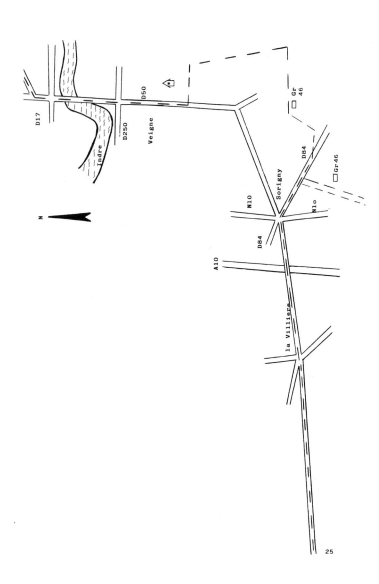

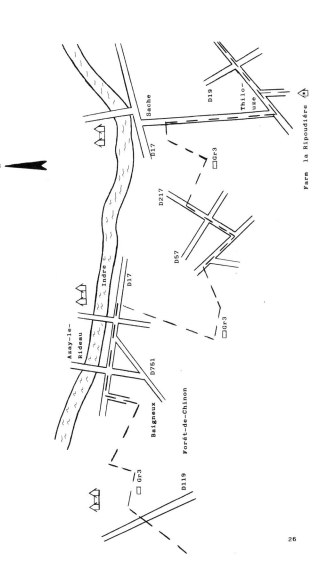

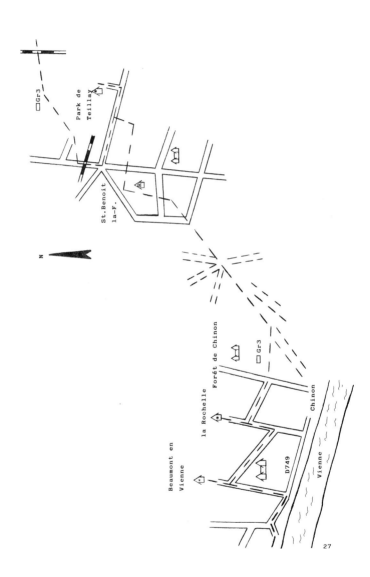

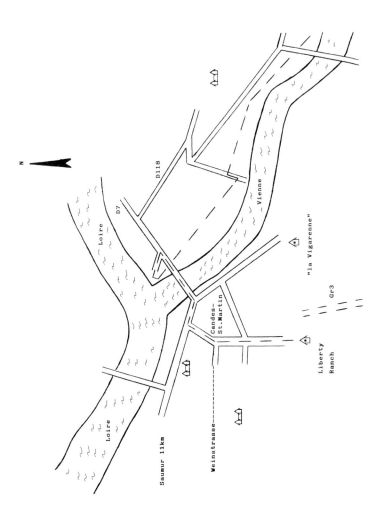

Route 2 – Wanderreiten ohne eigenes Pferd

Für alle diejenigen, die nicht mit dem eigenen Pferd reiten wollen oder können

Wegstrecken

La Touche – Château Le Rivau: 35 km
Chateau Le Rivau – L'lle Bouchard: 17 km
L'lle Bouchard – Saché: 20 km
Saché – Villandry: 20 km
Villandry – Langeais: 15 km
Langeais – Azay-le-Rideau: 25 km
Azay-le-Rideau – Rivarennes: 20 km
Rivarennes – Ussé: 15 km
Ussé – Chinon: 35 km
Chinon – La Touche: 45 km

Die Strecke variiert von Wanderritt zu Wanderritt, einfach weil das Tal der Loire so viele Möglichkeiten zur Routenbestimmung bietet. Die Kilometerangaben sind deshalb nur Anhaltspunkte.
Es werden unterschiedliche Wegstrecken angeboten, wie zum Beispiel der Saumur/Loire-Trail über Richelieu – Abtei Fontevraud – Saumur – Montreuil-Bellay – Loudun – La Forêt des Sangliers – La Touche.
Die Erläuterungen zu den Schlössern sind nur der Bruchteil einer umfangreichen Geschichte. Mehr davon würde den Rahmen des Buches sprengen.
Der Mai und der September sind wohl die zwei magischen Monate im Tal der Loire. Im Mai steht alles in frischem Grün, man spricht zurecht vom »Garten Frankreichs«, die Temperaturen sind mild, nicht zu heiss, man kann unter grossen alten Bäumen wunderbar rasten. Im September ziehen Nebelschwaden langsam über die Loire und verfangen sich in dem dichten Gebüsch, das ihre Ufer säumt. Irgendwo in der Ferne erkennt man die Türme eines Schlosses, diffus zuerst, die Zeit bleibt ste-

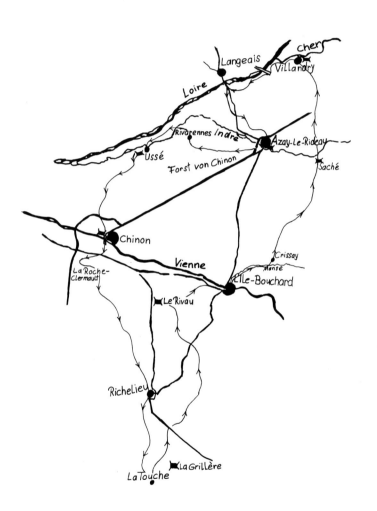

hen. Doch langsam wird die Sonne stärker und stärker und löst allen Nebel auf. Aus einem Ausflug in die Vergangenheit kehrt man in die Gegenwart zurück.
Madame Laparra holt mich mit ihrem klapprigen Lieferwagen vom Bahnhof in Chatellerault ab. Gegen Mittag kommen wir auf dem Reiterhof an. Unversehens sitze ich in einem Wohnzimmer, in einem zerschlissenen Polstersessel mit einer Katze auf dem Schoss, eine grosse Tasse Milchkaffee vor mir und sehe mich um. Es herrscht wohl französisches Chaos. Wer öfter in Frankreich ist, wird es kennen und weiss seine positiven Seiten zu schätzen. Die Teppichläufer sind ausgefranst, ausser der Tischplatte ist alles ziemlich staubig. Doch niemand macht sich etwas daraus. Stattdessen ist jedermann fröhlich und freundlich; interessiert daran, wo ich herkomme, wie es mir geht, ob ich irgendeinen Wunsch hätte...
Keiner läuft mit leidender oder betont wichtiger Miene herum, wie es doch bei uns so oft der Fall ist. Anschliessend wird mir mein Zimmer gezeigt, und ich treffe die anderen »Mitreiter«, die schon am Vortag angekommen sind.
Unsere Gruppe besteht aus zehn Reitern, alles Deutsche, was Zufall ist. Ebenso hätten es Franzosen oder Engländer sein können. Jedes Alter ist vertreten. Das »Reiterniveau« reicht vom Anfänger bis zum langjährigen Reiter. Man sollte schon das Reiten im Gelände gewöhnt sein, um an solch einem Wanderritt Spass zu haben!

1. Tag (Samstag)

Der Reiterhof, von Büschen und Bäumen umwachsen, liegt mitten in den Feldern. Man gelangt durch ein Torgewölbe in den grossen Innenhof, der in zwei »Rondells« eingeteilt ist, d.h. der Hof besteht aus zwei breiten, kreisförmigen Wegen, die aufeinandertreffen und eine »8« bilden. Im Innern wächst Gras. Ich sehe in den Pferdestall. Er ist nicht sehr hell. Die Pferde bewegen sich entweder frei in den Boxen oder sind angebun-

La Touche

Im Stall

den. Nur die Pferde für unseren Wanderritt stehen im Stall, die anderen befinden sich auf der Weide. Vom Typ her sind sie unterschiedlich.
Es gibt etwas kleinere, kräftigere darunter, Stockmass 1,45 Meter bis 1,55 Meter, »Cob« genannt, mit edlem Kopf und lebhaftem Gesichtsausdruck, viel Gurtentiefe und stabiler Hinterhand.
Die zweite Gruppe bilden die französischen Traber, die »*Trotteurs Français*«. Monsieur Laparra besitzt einige, die für die Rennbahn ungeeignet sind, weil sie zu langsam sind oder galoppieren.
Die dritte Gruppe bilden die »*demi-Berbères*«, die Monsieur Laparra selber züchtet, er besitzt einen Berberhengst. Die Nachzucht hat demnach zum Vater einen Berber, die Mutter ist Traber oder Cob. Die Berber stammen aus Nordafrika und sollen das »...flinkste, kräftigste, geschickteste und beste Pferd für eine ein- bis zweistündige Schlacht« sein, wie es in alten Überlieferungen heisst. Also wie geschaffen für einen Wanderritt?!
Monsieur Laparra führt einen Fuchs mit blonder Mähne nach draussen und bindet ihn an einem Ring in der Mauer an. Uns wird genau erklärt und gezeigt, wie wir in Zukunft mit den Pferden umzugehen haben. Zum Anbinden verwendet man einen Sicherheitsknoten, der mit einem Ruck zu öffnen und buchstäblich »lebensnotwendig« ist, denn die Anbindestricke werden direkt am Halfter verknotet. Zum Reiten werden Armeesättel mit einer zweimal gefalteten, dicken Wolldecke als Sattelunterlage verwendet und als Zäumung die Hackamore.
Anschliessend zeigt uns Monsieur Laparra, in welchem Stil die Pferde geritten werden:
Aufrecht, mit geradem Rücken sass er im Sattel, die Beine lang, die Zügel in der linken Hand nur zwischen Daumen und Zeigefinger haltend. Wendet er nach links, geht die Zügelhand etwas nach links, wodurch der rechte Zügel den Pferdehals berührt. Es sind nur ganz feine Zügelhilfen notwendig, und die Pferde reagieren wunderbar auf Gewichtshilfen: Also, wenn man nach links will, den linken Gesässknochen belasten. Stan-

dardhinweis: »Nicht in der Hüfte einknicken!«. Um in einer langsameren Gangart weiterzureiten oder anzuhalten, genügt es, leicht am Zügel zu zupfen. Wir gewöhnen uns mit der Zeit alle an diese Reitweise. Sie ist eben am kräftesparendsten für Pferd und Reiter.

Nun werden uns die Pferde zugeteilt. Ich erhalte eine grosse braune Traberstute. Unter den Argusaugen von Monsieur Laparra satteln wir, legen die Hackamore an, das Halfter bleibt darunter, der Führstrick wird um den Hals gelegt und so verknotet, dass er sich nicht zuziehen kann. Daraufhin sitzen wir auf und reiten auf den beiden Zirkeln, während Monsieur Laparra unsere Hilfen und Sitz korrigiert. Als er mit uns zufrieden ist, brechen wir auf zu unserem »Eingewöhnungsritt«, zu einem nahe gelegenen Privatschloss.

Hier auf der Höhe ist das Gelände ziemlich eben. Und während wir einer hinter dem anderen den Feldweg entlang reiten, trabt Monsieur Laparra mit seiner Stute an unserer Reihe auf und ab, um uns zu korrigieren.

Felder, Wiesen voller Mohnblumen, das ist die Umgebung von »La Touche«
– Aquarell –

Und er findet viel zu kritisieren! Ich versuche mich an Kalihs Bewegungen zu gewöhnen. In der Zwischenzeit hat der Himmel sich bewölkt und es fängt doch tatsächlich leicht zu regnen an. Ja, auch im »Garten Frankreichs« regnet es dann und wann.
Wir biegen in einen Wiesenweg ein. Kalih fängt an zu tänzeln, geht seitwärts, legt die Ohren flach an den Kopf – mit der ungewohnten Hackamore komme ich mir ausgesprochen hilflos vor, doch da erklingt schon das Kommando zum Galopp, Kalih scheint also ihre Galoppstrecken zu kennen! Ich habe alle Hände voll zu tun, um meinen Abstand zum Vordermann zu halten und bin froh, als wir wieder im Schritt reiten. Nun beruhigt Kalih sich.
Das erste Schloss! La Grillère, 6 Kilometer südlich von Richelieu, gehört der Familie Chabot, die es in heruntergekommenem Zustand kaufte und gerade dabei ist,

Durch Felder und Wiesen

es mühevoll zu restaurieren. Die Arbeiten sind längst noch nicht abgeschlossen, doch das Schloss steht den Besuchern offen. Kurz zu seiner Geschichte: Jean Lhuillier liess die Herrenkapelle bauen. Sein Urenkel Nicolas von Remefort, ein Reisegefährte von Franz I., liess das Hauptgebäude mit der italienischen Treppe errichten. Später erst baute sein Sohn, Jean de Remefort, das Schloss zu Ende.

Für uns Reiter gibt es natürlich zunächst einen Umtrunk. Auf Madames freundliche Erläuterungen hin wird uns klar, welche enormen Summen die Renovierung dieses Schlosses verschlingt, allein das gewaltige Dach.

Am Spätnachmittag reiten wir wieder zurück. Kalih ist jetzt etwas ruhiger. Auf dem Reiterhof angekommen, werden die Pferde zwei und zwei zum Tränken geführt. Der Himmel hat sich aufgehellt, es regnet nicht mehr.

Frisch geduscht und umgezogen erscheinen wir zum Abendessen. Trotz der herrlichen Sachen, die Madame Laparra uns auftischt – es gibt Salate mit Hummerkrabben, geräucherten Lachs, eine Käseplatte, die keine Wünsche offen lässt und Wein soviel man will – gehen die meisten doch bald zu Bett. Morgen soll es ein anstrengender Tag werden!

2. Tag (Sonntag)

Die Sonne scheint wieder! Nach dem Frühstück mit dem obligatorischen Milchkaffee und Weissbrot packen wir unsere Sachen zusammen. Das Gepäck wird uns heute noch mit einem Lieferwagen nachgefahren, später wird es mit einer Kutsche, die uns begleitet, transportiert werden. Wir putzen und satteln die Pferde und man ernennt mich zum Kaffeetransporteur, d.h. Kalih bekommt ein paar Satteltaschen aufgelegt.

Unser erstes Ziel soll Le Rivau sein, ein Schloss aus dem Mittelalter, das sich jetzt im Besitz eines Malers befindet. Die Pferde greifen mächtig aus, man merkt, dass sie gewöhnt sind, weite Strecken zu gehen. Wir lassen den Tag gemächlich beginnen und können so die Landschaft

Unterwegs

Sonnenblumenfeld

Bei der Rast

geniessen: Die grossen Sonnenblumenfelder, die von Maisfeldern abgelöst werden, leicht ansteigende, sandige Feldwege und die Bauernhöfe aus Naturstein mit Schieferdächern, wie sie einzeln oder in Gruppen in den Feldern liegen, fern jeder Hast des Alltags.

Unsere Kaffeepause machen wir auf einer Lichtung im Wald, die Pferde lassen wir dabei an der Hand grasen. Beim Weiterritt bleibt die Landschaft waldreich, wir befinden uns immer noch auf dem Hochplateau, kaum jemand scheint sich hierher zu verirren.

Gegen Mittag erreichen wir die Stelle, die für unser Picknick vorgesehen ist. Über einen Weg, der sich durch das Buschwerk wild wachsender Eichen schlängelt, werden im Zickzack Seile gespannt und daran die Pferde angebunden (natürlich mit Sicherheitsknoten und Rücksicht auf Rangordnung und Pferdefreundschaften). In der Zwischenzeit ist Madame Laparra mit dem Lieferwagen angekommen und breitet das Picknick aus, das aus verschiedenen Salaten, Wurst, Pastete, Käse, Früchten, Brot und Wein besteht. Uns fehlt es an nichts, und man gewöhnt sich auch bald an die kleinen Mücken, die einem auf den Teller fliegen und sich heimlich zum Salat gesellen. Am besten, man beachtet sie gar nicht...

Anschliessend werden wir alle in den Lieferwagen gepackt, so dass er hoffnungslos überladen ist, und werden von Monsieur Laparra das letzte, kurze Stück zum Schloss Le Rivau gefahren. Madame passt so lange auf die Pferde auf.

Le Rivau – abseits der Touristenströme

Le Rivau ist ein Schloss, das mich besonders fasziniert. Es stammt aus dem Mittelalter und wurde auf Befehl König Karls VII. zu einer Festung mit Wehrturm, Wassergräben und Festungsmauern ausgebaut.
Le Rivau liegt nicht auf einem der Pflichtjagdgründe der Touristen, sondern auf einer ganz anderen Route. Es war ein Etappenziel der Jeanne d'Arc mit ihrer tollkühnen Truppe auf dem Weg nach Orléans. Hier erhielt sie die so dringend benötigten Pferde.
Beschäftigt man sich mit Frankreich, stellt man fest, dass die Franzosen im allgemeinen hinter ihrer Geschichte stehen, ja sogar stolz auf sie sind. Ein Anlass dafür ist sicher auch ihre Nationalheldin Jeanne d'Arc. Doch wie konnte es im Mittelalter einem jungen Mädchen gelingen, eine Streitmacht zur Verfügung gestellt zu bekommen, um mit ihr in den Krieg zu ziehen?

Die Jungfrau von Orléans

Die Situation, in der Frankreich sich im Jahre 1429 befand, als Jeanne d'Arc auftrat, muss als verheerend bezeichnet werden.
Das Land wurde vom Hundertjährigen Krieg geschüttelt. In der nördlichen Hälfte Frankreichs sassen die Engländer, die Normandie lag fest in ihrer Hand. Burgund nützte die Schwäche der französischen Staatsgewalt geschickt aus und nahm den Aufstieg zum unabhängigen Staatswesen.
Die Engländer waren dabei, die Stadt Orléans einzukesseln.
Jean, Graf von Dunois, meist nur Jean, der Bastard genannt, war anstelle seines Halbbruders Karl, Herzog von Orléans, der sich zu jener Zeit in England in Gefangenschaft befand, mit der Verteidigung der Stadt betraut. Zu dieser Zeit etwa 26 Jahre alt, sah er einer grossen Blamage entgegen – würde er die Stadt nicht halten können.
Jeanne d'Arc, ein Bauernmädchen von 16 bis 17 Jahren aus dem lothringischen Dorf Domrémy, ritt in Männerzeug gekleidet, mit einer Eskorte, bestehend aus sechs

Männern, elf Tage quer durch Feindesgebiet nach Chinon, wo sich der König zu diesem Zeitpunkt aufhielt. Und man kann sich auch heute noch ziemlich gut den Aufruhr vorstellen, der auf dem steilen Weg zum Schloss, der heute Rue Jeanne d'Arc heisst, geherrscht haben mag.

Am 2. Tag nach ihrer Ankunft wurde Jeanne vom König empfangen: Jeanne: **»Ich sage Euch im Auftrag des Herrn, dass Ihr der rechtmässige Erbe Frankreichs seid und Sohn des Königs. Und der Herr schickt mich zu Euch, um Euch nach Reims zu führen, damit Ihr dort Eure Krone und Eure Weihe empfangt, wenn Ihr es wollt.«**

So wollte nun Jeanne zunächst Orléans aus der Belagerung befreien und den Dauphin zur Krönung nach Reims führen. Jeanne wurde in Poitiers einer Prüfung durch Prälaten, Theologen und Magistri der Universität unterzogen. Sie erhielt die Erlaubnis zu handeln und stellte nun den Engländern ein Ultimatum.

Sie reiste nach Tours und erhielt dort ihren massangefertigten Harnisch. Noch heute kann man den Laden des Plattnermeisters sehen.

In Tours wurde Jeanne, wie jedem Truppenführer, ein Quartier zugewiesen, und sie erhielt zwei Herolde (= Boten, die besonderen Schutz genossen und Nachrichten, unter anderem Fehdeankündigungen, mündlich überbrachten).

Hier im Schloss Rivau hat Jeanne übernachtet, als sie die Pferde für ihre Truppe erhielt. Die endgültige Zusammenziehung der königlichen Truppen sollte in dem an der Loire gelegenen Blois erfolgen.

Am Freitag abend, dem 29. April 1429 zog Jeanne in Orléans ein.

Schon am 4. Mai nahmen Jeannes Truppen die Saint-Loup-Schanze ein. Jeanne soll mit wehendem Banner und dem Hauptmann La Hire an ihrer Seite (in Frankreich ist heute **La Hire** *der Herzbube im Kartenspiel) immer vorneweg geritten sein, um ihre Leute zu schützen. Am Sonntag, dem 8. Mai hoben die Engländer die Belagerung auf.*

Danach folgte der Loirefeldzug und anschliessend führte Jeanne, wie sie es vorhergesagt hatte, den Dauphin zur Krönung nach Reims, die am 17. Juli 1429 stattfand. Der Dauphin war nun Karl VII., geweiht durch die Salbung, die die Könige zu rechtmässigen Erben des Königreiches machte.

Doch der Verrat, das einzige wovor sich Jeanne fürchtete, und der ihr ebenfalls durch die himmlischen Stimmen vorhergesagt war, nahm seinen Lauf. Der Gang der Ereignisse entglitt ihren Händen und fortan fällten die königlichen Berater die Entscheidungen.

Am 8. September 1429 kam es zum Kampf um das von den Engländern besetzte Paris, doch die Aussichten auf einen Sieg waren gering. Der Angriff wurde abgebrochen. Die Serie der Siege war zu Ende.

Bei einem Ausfall aus Compiègne wurde Jeanne von einem Bogenschützen zu Boden gerissen, von den Burgundern gefangengenommen und für eine hohe Geldsumme an die Engländer ausgeliefert. Vom französischen Hof im Stich gelassen, machte man ihr den Ketzerprozess in Rouen unter der Leitung des Bischofs von Beauvais.

Sie wurde wegen Hexerei und Ketzerei verurteilt und bei lebendigem Leib verbrannt. Der Revisionsprozess im Jahre 1456 hob das Urteil auf. 1909 erfolgte die Selig- und 1920 die Heiligsprechung.

Soweit die Geschichte.

Der Prozess, aufgrund dessen Jeanne verurteilt wurde, war ein reiner Indizienprozess. Das heisst, eigentlich konnte man ihr kein Vergehen vorwerfen. So wurde Jeanne Opfer des Hasses, der sich gegen diejenigen richtet, die anders als die breite Masse sind. Erschwerend kam hinzu, dass sie eine Frau war...

Wie gesagt, Le Rivau gehört einem Maler: Pierre Laurent Brenot. Wahrscheinlich gefällt mir deshalb das Schloss besonders gut, dessen strenge Form durch Erweiterungen im Stil der Renaissance gemildert wird. Grosse alte Kastanienbäume rahmen es ein, Kletterpflanzen ranken empor und im Burggraben blüht ein üppiger Staudengarten, ganz ohne die sonst typisch französische Symmetrie. Im Schloss kann man die Gemälde des Malers besichtigen.

Wir reiten weiter. Heute abend wollen wir in L'Ile Bouchard eintreffen. Es geht nun langsam, aber stetig zwischen Getreidefeldern bergab, auf das Tal der Vienne zu.

Während wir einen Feldweg entlang galoppieren, kommt es zu einem Zwischenfall: Zwei Reiter überholen mich, ziemlich dicht, Kalih will nach ihnen beissen, worauf ich die Zügel annehme. Dies quittiert Kalih mit Steigen, sie verliert das Gleichgewicht und kippt rückwärts seitwärts um. Zum Glück ist uns nichts passiert. Natürlich kann man ein Pferd nicht am Beissen hindern, indem man am Zügel zieht. Falsch und leichtsinnig ist es aber auch, in einer Reitergruppe zu überholen, noch dazu auf einem schmalen Feldweg.

Ich tausche Kalih gegen den Fuchswallach einer Mitreiterin, die sich selbst anbietet, meine Stute zu reiten. Wir halten zunächst alle etwas mehr Abstand von Kalih und dann klappt es gut mit ihr.

Der Fuchswallach heisst Jolie Coeur, und wir verstehen uns sofort.

In der Nähe von unserem Hotel »Quatre Vent« werden die Pferde in einem Stall untergebracht. Beim Abendessen ist mein Sturz natürlich Gesprächsthema.

3. Tag (Montag)

Am Morgen, besser gesagt am späten Vormittag, verlassen wir das sich an beiden Seiten der Vienne ausbreitende L'Ile Bouchard. Heute begleitet uns zum ersten Mal die Kutsche.

Wir kommen durch Crissay, ein winziges Dorf am Hügel, das durch eine Festung aus dem 15. Jahrhundert beherrscht wird. Durch diesen mittelalterlichen Ort zu reiten (die Häuser stammen teilweise ebenso aus dem 15. Jahrhundert) ist schon etwas besonderes. Die Pferde rutschen oft ziemlich stark, wenn wir hin und wieder auf abschüssigen Strassen reiten müssen. Sie sind mit leichten Eisen, ohne Stollen beschlagen, was am schonendsten ist, denn so kann das Pferd beim Gehen mit dem Huf abrollen, ausserdem ist bei einem etwaigen Ausschlagen die Verletzungsgefahr nicht ganz so gross. Meistens sind breite, grüne Randstreifen vorhanden. Falls Monsieur Laparra dann doch noch einen Huf klappern hört, wird er ziemlich ärgerlich.

Vorbei geht es an Saché, einem Schloss aus dem 16. Jahrhundert, das Honoré de Balzac 20 Jahre als Landsitz diente. Balzac schreibt darüber: »... *Schloss Saché – ein Ort voll schwermütiger Harmonien, die für oberflächliche Menschen zu ernst, aber dem wunden Herzen des Dichters teuer sind. So lernte ich später die Stille, die uralten Bäume und die sonderbar geheimnisvolle Atmosphäre dieses einsamen Tales lieben. Doch jedesmal, wenn ich das zierliche Schlösschen, das mein erster Blick auserwählt hatte, am gegenüberliegenden Hang wiederfand, liess ich ihn wohlgefällig darauf ruhen.*«

Honoré de Balzac, 1836

Am 20. Mai 1799 wurde Balzac in Tours geboren. Viele seiner Romane gehören zur Weltliteratur. Wer sich von der Touraine, ihrer Landschaft und Menschen angezogen fühlt, sollte Werke lesen wie »Der Pfarrer von Tours«, »Die Frau von Dreissig« oder »Der ruhmreiche Gaudissart«. Die »Tolldreisten Geschichten« sind eine Sammlung glänzend erzählter Episoden. Balzac war ein leidenschaftlicher Beobachter der menschlichen Gesellschaft und stellte sie in der unvollendeten, 40 Bände (geplant waren mehr als 100) umfassenden Romanreihe »*La comédie humaine*« (»Die menschliche Komödie«) in ihren Begierden und Ausschweifungen dar. Schulden, mit denen er sein Leben lang zu kämpfen hatte, zwangen ihn zu einem übermässigen Schaffen, so dass er schliesslich am 18. August 1850 in Paris an Erschöpfung starb.

Das Schloss hat seinen ursprünglichen Charakter bewahrt. Es ist noch eingerichtet wie zu Balzacs Zeiten, sogar seine Schreibutensilien sind noch vorhanden. Leider können wir das Schloss aus Zeitgründen nicht

Das Spiel von Licht und Schatten in den Laubwäldern

Die Kutsche wird bepackt

besichtigen. Es ist unglaublich, welche Fülle von kulturellen Schätzen im Tal der Loire auf dem Wege liegen. Um alles zu sehen, müsste man einige Wochen zur Verfügung haben. Schön ist, dass der Reiter sich nicht dem Heer der Touristen angehörig fühlt und glaubt, oftmals nach stundenlangem Ritt durch einsame Landschaft, jedes Schloss »als erster« zu entdecken.

Der heilige Martin von Tours

Die Stadt Tours, Hauptort der Touraine, Hauptstadt des Départements Indre-et-Loire, ist eng mit dem heiligen Martin verbunden. Martin wurde 316 oder 317 in Steinamanger, Ungarn, als Kind eines römischen Offiziers geboren und wurde mit 15 Jahren römischer Legionärsoldat. In der nordfranzösischen Stadt Amiens teilte er seinen Mantel mit einem notleidenden Bettler. Mit 18 Jahren liess er sich taufen und ging nach Poitiers, wo er sich die heiligen Weihen erteilen liess.

Einige Zeit führte er ein Einsiedlerleben, dann erbaute er in der Nähe von Poitiers das Kloster Ligugé. Als der Bischof von Tours gestorben war, wurde er an seine Stelle gewählt, musste aber mit Gewalt an seinen Bischofssitz gebracht werden. In der Nähe von Tours baute er das Kloster Marmoutier, wo er später eine Zelle bewohnte. Martin verband das Mönchsideal mit dem Apostolat und wurde so zum Vorbild des abendländischen Mönchtums. Am 8. November 397 starb er in Candes. Die Legende erzählt, dass sich die Mönche von Poitiers und die Mönche von Tours um den Leichnam stritten. Als um Mitternacht die Mönche von Poitiers schliefen, liessen die anderen seine Leiche vom Fenster herab und brachten sie in einem Kahn auf der Loire nach Tours. Martin wurde nach römischer Sitte (Tours war ursprünglich eine Römerstadt) auf dem öffentlichen Friedhof westlich der Stadt beerdigt. Über seinem Grab wurde eine Kapelle errichtet. Hier am Grab des heiligen Martins geschahen viele Wunder, so dass ein Wallfahrtsort entstand und ein Kloster erbaut wurde. Als die Kapelle zu klein wurde, ersetzte man sie durch eine der

grössten Kirchen der damaligen abendländischen Christenheit. Der Gründer des Frankenreiches Chlodwig verkündete in dieser Kirche, er werde sich und seine Familie taufen lassen. Somit wurde sie zum Nationalheiligtum der Franken.
Als die Araber aus Spanien anrückten, konnte die Kirche erfolgreich verteidigt werden. Nicht zu retten war sie vor den Normannen. Die Nordmänner brannten sie nieder, doch die Reliquien konnten kurz zuvor noch in Sicherheit gebracht werden.

Sehr heiss ist es heute, die Sonne scheint vom wolkenlosen Himmel. Heute merkt man nichts von dem typisch französischen Klima, den ausgeglichenen Luftmassen, die vom Meer her kommen. Stattdessen schwitzen Pferd und Reiter, vor allem die beiden Kutschpferde sind regelrecht in Schweiss gebadet. Wir sind froh, als wir an unseren für heute vorgesehenen Picknickplatz gelangen. Mehrere kurze Seilstücke werden so verknotet, dass jeweils eine Schlaufe entsteht, die sich nicht zuziehen lässt. Das so entstandene lange Seil wird zwischen die Bäume gespannt.
Wir streifen unseren Pferden zuerst die Hackamore ab, helfen uns gegenseitig beim Absatteln der Pferde, stellen die Sättel auf ihre Kammer und lehnen sie an einen schattenspendenden Baum, breiten die Decken über den Sätteln aus und hängen die Hackamore dazu. Monsieur Laparra ruft die Pferde in der Reihenfolge, wie sie sich am besten vertragen, auf und bindet sie jeweils an einer Schlaufe des Seiles fest. Sie werden lang angebunden, damit es den Pferden möglich ist, zu grasen und sich hinzulegen. Allerdings können sie sich auch wälzen – was relativ problematisch ist, denn sie hätten sich in den Seilen verfangen können. Unter anderem auch aus diesem Grund bleiben die Pferde nie ohne Aufsicht. Dieses »Anbinderitual« läuft täglich von neuem ab. Anschliessend werden die Pferde getränkt. Kraftfutter gibt es abends.
Sobald der Schweiss getrocknet ist, wird er, so gut es geht, herausgebürstet.

Ein Eisen ist locker

Am Indre

Nach dem Picknick liegen die meisten (Menschen, nicht die Pferde!) der Länge nach ausgestreckt unter den Bäumen im Schatten und halten Siesta. Ab und zu fährt eine Hand zum Gesicht, um eine Spinne oder Ameise zu vertreiben. Zwischen den Grashalmen hindurch schiele ich zum Indre hinüber. Tiefgrün liegt er da, die Bäume und ein Stück blauer Himmel spiegeln sich in dem nur ganz langsam, gemächlich dahinfliessenden Wasser.
Nicht sehr begeistert raffen wir uns auf, um unsere letzte Wegstrecke des heutigen Tages zu bewältigen. Über das Hochplateau, das die beiden Talbecken des Indres und Cher voneinander trennt, reiten wir nach Villandry.
Das Schloss Villandry liegt auf der linken Seite des Cher. Das Tal mutet sehr südlich an. Hier reifen Aprikosen, Pfirsiche und Melonen, die man zur Erntezeit direkt vom Feld weg kaufen kann. Nur wenig weiter mündet der Cher in die Loire.

Villandry

Vor allem wegen seiner Gärten ist Schloss Villandry bekannt. Es besitzt die einzigen authentischen Renaissancegärten Frankreichs.
Im Jahre 1532 wurde es von Jean Le Breton, Staatssekretär von Franz I. und Bauaufseher über Chambord, gekauft. Fragen der Verteidigung spielten in der Schlossarchitektur im frühen 16. Jahrhundert bereits keine Rolle mehr – Jean Le Breton liess die Anlage bis auf einen Eckturm niederreissen und errichtete auf den Fundamenten ein neues Schloss im Renaissancestil. Der Sinn von Jean Le Breton für Regelmässigkeit und Massverhältnisse ist unverkennbar. Die berühmte Gartenanlage staffelt sich über drei Etagen. Sie ist das Ergebnis einer Rekonstruktion in den 30er Jahren durch den spanischen Arzt Dr. Carvallo. Auf der untersten Ebene liegt der Gemüsegarten. Die strenge Symmetrie, die durch die verschiedenen Grüntöne der Gemüsesorten noch unterstrichen wird, wirkt heiter durch die viereckigen Umrahmungen aus Buchsbaumhecken und Blumen sowie Obst-

bäumen in den Ecken eines jeden Vierecks. Auch heute werden nur solche Gemüsesorten gepflanzt, die im 16. Jahrhundert in Frankreich bekannt waren, also keine Tomaten oder Kartoffeln.
Auf der mittleren Ebene liegt der Ziergarten mit seinen Blumenbeeten. Die vier gemusterten Beete sind Sinnbild für jeweils eine andere Art von Liebe: Die flüchtige Liebe wird durch Fächer, Hörner und Liebesbriefe symbolisiert, Herzen und Flammen stehen für die innige, Schwerter und Dolchklingen für die tragische Liebe. Ein Labyrinth aus gebrochenen Herzen dient als Bild für die Raserei.
Der Wassergarten auf der obersten Ebene wurde zur Versorgung der Zier- und Nutzgärten angelegt, ein Beispiel für den Gedanken der Renaissance, das Schöne mit dem Praktischen zu verbinden.

Die »Liebesgärten« von Schloss Villandry

Im Galopp einen weichen Wiesenweg entlang

Wir übernachten im Hotel »Le Cheval Rouge«. Das Essen ist wunderbar und sehr reichhaltig. Monsieur Laparra hat es nicht so gut wie wir, er verbringt die Nacht draussen bei den Pferden, da sie dieses Mal nicht im Stall, sondern auf einer Wiese zwischen Bäumen angebunden sind.

Berühmte Dichter, die sich mit dem Tal der Loire befasst haben

François Rabelais
(geboren 1494 in La Devinière bei Chinon
gestorben 9. April 1553 in Paris)

Der französische Dichter war ein »Rebell« seiner Zeit. Mit zynischen bis obszönen und ordinären Bemerkungen kommentierte er damalige Missstände. Rabelais war Franziskaner, Benediktiner, Weltgeistlicher, Arzt, reiste als Leibarzt von Jean du Bellay nach Rom, hielt medizinische Vorträge. Mit dem Werk »Gargantua und Pantagruel« spiegelte er den Geist in allen Ständen und Konfessionen seiner Epoche so treffend wider, dass er mehrmals vor Verfolgern fliehen musste.

*Honoré de Balzac
(siehe Route 2, 3. Tag)*

*Pierre de Ronsard
(geboren 11. September 1525 auf Schloss Poissonnière bei Vendome
gestorben 27. Dezember 1585 in Saint-Cosme bei Tours)*

Der Sohn des Haushofmeisters Franz I. studierte Griechisch und Lateinisch. Sein Ziel war es, den antiken Dichtungen in seiner französischen Muttersprache Werke von gleicher Bedeutung zur Seite zu setzen. Ronsard war Mitbegründer des französischen Klassizismus.

*Gustave Flaubert
(geboren 12. Dezember 1821 in Rouen
gestorben 7. Mai 1880 in Croisset)*

Auf einer Reise durch das Tal der Loire beschrieb er seine Eindrücke. Durch seine realistischen Schilderungen zeichnet er sich besonders aus.

4. Tag

Unser erstes Ziel für den heutigen Tag ist Langeais. Wir reiten am Cher entlang und treffen bald zum ersten Mal auf die Loire. Hier überqueren wir eine der langen, den Fluss überspannenden Hängebrücken. Wahre Ungetüme von LKWs kommen uns entgegen oder überholen uns, doch die Pferde beweisen ihre Verkehrssicherheit.

Die Hängebrücke, über die wir ritten

In der Nähe unseres Rastplatzes: Angler an der Loire

Bei der Rast (Langeais)

Unter zwei grossen Ebereschen haben wir während der Mittagszeit unser Picknick, danach besichtigen wir den Ort Langeais, der schon im 5. Jahrhundert unter dem Namen »Alangavia« bestand. Das Schloss befindet sich mitten in der Stadt. Nahe der Grenze zwischen Anjou und Touraine war es oft umkämpfter Zankapfel der beiden Grafschaften. Im Spätmittelalter diente Langeais Ludwig XI. als Bollwerk gegen die Bretagne. Äusserlich kann das Schloss, mit seiner Fassade in nüchtern grauem Stein, nur durch die hohen Lukarnen am Dachgiebel aufgelockert, seine militärische Bestimmung nicht leugnen.

Erst 1491, anlässlich der historischen Eheschliessung zwischen Karl VIII. und Anne de Bretagne, verlor Langeais seine Stellung als Grenzposten.

Die Möbel aus dem 15. und 16. Jahrhundert sind mit Geduld und Ausdauer gesammelt und stilecht wieder-

hergestellt worden. Lücken in der Einrichtung wurden mit Kopien geschlossen.
Besonders stattlich ist der grosse Festsaal mit seinem gewaltigen Gebälk aus Kastanienholz. Dieses Holz wurde damals gerne verwendet, vor allem in Schlafräu-

Das Schloss Langeais liegt mitten in der Stadt

men, da es Spinnen anziehen soll, die wiederum anderes Ungeziefer vertilgten.

Vom Schloss aus bietet sich ein beeindruckender Ausblick auf die Dächer der betriebsamen Stadt.

Von Langeais reiten wir weiter nach Azay-le-Rideau. Die Pferde sind frisch, manchmal eher temperamentvoll, nicht etwa träge oder stumpf.

Gegen Abend kommen wir in Azay-le-Rideau an, verlassen den Ort und bringen, etwas ausserhalb des kleinen Städtchens, die Pferde auf einem Bauernhof unter. Es ist ein typischer Hof aus Tuffstein mit Schieferdach, die Hühner spazieren umher, eine Quelle wird in einem Brunnen gefasst.

Mit dem Auto bringt man uns zurück nach Azay-le-Rideau in unser Hotel »*Le Grand Monarch*«. Die gepflegte Atmosphäre dieses gutgeführten Hotels tut gut nach einem anstrengenden Tag. Als wir beim

Bauernhof bei Azay-le-Rideau

Abendessen sitzen ist es fast peinlich, wie schnell die Wasserkrüge und Weinflaschen sich leeren und ich frage mich, ob in Deutschland ein Hotel dieses Niveaus eine Gruppe von verstaubten, Unruhe bringenden Reitern aufnehmen würde.

Nach dem Abendessen haben wir noch etwas Zeit, später wollen wir uns am Schloss das Schauspiel »*Son et Lumière*« (Klang und Licht) ansehen. In Sprechszenen mit dramatischer Musikuntermalung und wechselnder Beleuchtung werden in und um das Schloss herum Begebenheiten dargestellt, die sich einst hier abspielten. Solche Schauspiele werden an mehreren Schlössern im Tal der Loire veranstaltet.

Son et Lumière

5. Tag

Da wir heute das Schloss Azay-le-Rideau bei Tag besichtigen wollen, reiten wir vom Bauernhof zurück in das Städtchen. Unser Ziel ist ein Park am Indre. Zuerst dürfen sich die Pferde im Indre erfrischen, anschliessend binden wir sie, wie wir es gelernt haben, zwischen den Bäumen an. Roxanne, eine Schimmelstute mit Arabereinschlag, macht sich selbständig und hüpft mit wehendem Schweif über die Blumenrabatten.
Erst bei Tageslicht kann man die Anmut und Eleganz des Schlosses richtig erkennen. Die Makellosigkeit der Architektur darf man wohl auf Philippe Lesbahy, die sich um die Bauarbeiten kümmerte, zurückführen. Interessant ist, dass Azay niemals königlicher Wohnsitz, sondern Wohnsitz eines Höflings war, da der Gemahl von Philippe Lesbahy, Gilles Berthelot, öffentliche Gelder veruntreut hatte und flüchten musste.
Auf Pfahlrosten und Rammpfählen erbaut, ragt das

Die Sicht vom Park aus
– Aquarell –

Schloss aus dem Indre hervor, von weiten Rasenflächen und altem Baumbestand umgeben.

Sehenswert ist unter anderem die Küche. Betrachtet man die groben Küchengeräte, grosse, eiserne Zangen und andere undefinierbare Gerätschaften, mag man sich unvermittelt das pompöse und ausschweifende Leben vorstellen, welches in den Schlössern geherrscht haben muss.

Am Nachmittag reiten wir durch den Forst von Chinon weiter nach Rivarennes. Es ist ein Ritt durch herrlichen Laubwald; der Farn rechts und links des Weges reicht den Pferden bis zur Brust. In Rivarennes erwartet uns ein einfaches Gasthaus.

6. Tag

Wir bleiben am Indre und erreichen Schloss Ussé. Kein Wunder, dass der Dichter Charles Perrault bei einem

Blick auf den Indre

Besuch des Schlosses zu dem Märchen »Dornröschen« inspiriert worden sein soll: Die Silhouette, die aus vielen kleinen und grösseren Türmen besteht, die weisse Fassade und das dichte Grün, welches das Schloss umschliesst, geben seinem Anblick etwas märchenhaft Verwunschenes.

»Mein« Pferd Jolie Coeur

Dieser Anblick inspirierte Charles Perrault zu dem Märchen »Dornröschen«

Am Indre, eine »grüne Oase«

Ussé ist ein Schloss aus dem 15. Jahrhundert – ein Beispiel also für die Zeit des ausgehenden Mittelalters. Der Bau wurde von der Familie Bueil auf den Resten einer älteren Anlage begonnen, später unvollendet an Jacques d'Espinay (Kammerherr Ludwigs XI. und Karls VIII.) verkauft, der es bis 1535 vollendete.

Für den »Sonnenkönig« Ludwig XIV. mussten in den Schlössern sogenannte Königszimmer eingerichtet werden. Ussé erlebte niemals die Ehre seines Besuches, doch stand ein prunkvoller Raum zur Verfügung: Die originale Wandbespannung aus roter mit weissen Chinoiserien durchsetzter Seide, Sitzmöbel und ein Baldachin des Bettes aus dem gleichen Material vermitteln einen Eindruck der damaligen Zeit.

Vor der Kapelle (erbaut im 16. Jahrhundert) stehen zwei riesige Zedern, ein Geschenk von Chateaubriand im Jahre 1808. In der Kapelle selbst begeistert die wunderschöne Keramik-Madonna von Luca Della Robbia (1399/1400–1482). Durch das Material und die Farben in warmen Pastelltönen, strahlt sie Freundlichkeit und Wärme aus.

Blickt man vom Schloss auf die idyllische, ländliche Umgebung, muss man doch daran denken, dass die Technik des 20. Jahrhunderts immer näher rückt – nur wenige Kilometer von hier steht das Atomkraftwerk von Avoine.

Nach dem Mittagessen in einem Gasthaus reiten wir am Nachmittag unserem letzten Übernachtungsziel entgegen, der *Auberge du Haut Clos*. Ein steiler, gewundener Weg führt hier hinauf, und wir befinden uns ganz in der Nähe von Chinon.

7. Tag

Nach dem Frühstück reiten wir das kurze Stück von der *Auberge du Haut Clos* nach Chinon. An der Vienne bietet sich für uns ein wunderbarer Lagerplatz und ein eindrucksvolles Bild von der Festung Chinon: Am Fusse eines Bergsporns zieht sich die Stadt entlang, und über ihren Dächern breitet sich nach einem Baumgürtel die

Chinon

Die Aussicht von der Festung Chinon

Ruine der Burganlage aus. Wir besichtigen das Schloss und haben anschliessend Zeit, durch die Stadt zu bummeln.
Chinon war das letzte Ziel unseres Wanderrittes und früher als gewöhnlich brechen wir auf, um die »Heimreise«, die längste Etappe (ca. 40 Kilometer, über Richelieu) unseres Rittes, anzutreten.
Als wir gegen Abend auf dem Reiterhof *»La Touche«* ankommen, zeigen sich bei einigen von uns Ermüdungserscheinungen, doch sind sich alle einig, dass dies ein wunderschöner, erlebnisreicher Ritt war!

Teil III

Vorbereitung zum Trekking

In Zusammenarbeit mit ihren Reiterkollegen (möglichst jene, die am geplanten Wanderritt teilnehmen), mit der Unterstützung des Reitlehrers – des Hufschmiedes – des Tierarztes – und den nachfolgenden Kapiteln haben sie ein ausgewogenes Vorbereitungsprogramm in den Händen.

Adressen Wanderritte/Reiterferien im Loiretal

Wanderreiterkurse finden jährlich von September bis März in den Pyrenäen Atlantik statt.
Wanderreittouren (Randonnée à Cheval) von Mai bis August, verschiedene Touren im gesamten Frankreich. Interessierte fordern per Postkarte das Jahresprogramm an:

In Frankreich
Michael Rohde et
Patrice Pascouan Laas
64390 Sauveterre-
  de-Béarn

In der Schweiz
Michèle von Werra
»Kurs Baskenland«
Mittelalbis 461
8915 Hausen a/Albis

In Deutschland
Edgar Apel
»Kurs Baskenland«
Oststrasse 3 a
6680 Neunkirchen

In Österreich
Helga Kolesnik
»Kurs Baskenland«
Alxingergasse 14/15
1100 Wien

Sowohl die Wanderreitkurse wie auch die verschiedenen Reittrekkingtouren werden vom Autor Michael Rohde organisiert und durchgeführt.

Geführte Wanderreittouren

Relais du Domaine de la Touche
M. & Mme. Laparra
La Touche
Sérigny
F-86230 St. Gervais-les-3-clochers
Frankreich
Tel. (49) 860386 · Fax (49) 860834
(M. Laparra spricht französisch und englisch)

Pegasus Reiterreisen GmbH
Equitour AG
»Schlösser-Tour«
Grenzacherstrasse 34
CH-4085 Basel
Schweiz
Tel. (61) 6930485 · Fax (61) 6912093

Centre Equestre de Corlay
Lucien Fourneau
F-71240 Nanton
Frankreich
Tel. (85) 922294

Reiterferien im Loiretal
(Es wird nur Französisch gesprochen)

Manège de Marigny
Imphy
Tel.: (86) 687234

Campingplatz
St. Père-sur-Loire
Tel.: (38) 363632

Centre Equestre
des 4 Routes
Menestreau-en-Villette
Tel.: (38) 769277

Boxes et Stabolation
Veigne
Tel.: (47) 26 13 17

Association
»Liberty Ranch«
Candes St.-Martin

Ponyreiten für Kinder

Restaurant »*La Boulaye*« in Blère

Vorbereitung von Pferd und Reiter

Im Allgemeinen kann jeder Reiter sein Pferd als Wanderreitpferd verwenden, vorausgesetzt, er hält es robust.
Pferde, die robust gehalten werden, sind täglich mehrere Stunden auf der Weide oder leben im Offenstall, möglichst mit einem oder mehreren Artgenossen gemeinsam.
Robustheit heisst: Gesundheit, Unempfindlichkeit, Kraft und Ausdauer, Genügsamkeit, harte aber elastische Hufe, ein ausgeglichenes Gemüt und starke Nerven. Pferde, gleich welcher Zuchtrichtung, die in Natur und Herdenhaltung aufwachsen und weiterhin so gehalten werden, bringen alle Voraussetzungen eines Robustpferdes mit.
In der Ausbildung des Pferdes, die, wie bei jedem anderen Reitpferd, mit der grundlegenden Dressurarbeit beginnt, ist nach dem Arbeiten im Viereck ein ausgedehnter Ritt ins Gelände für das Pferd eine entspannende Belohnung und gleichzeitig eine gute Vorbereitung für den bevorstehenden Wanderritt. Bei der Ausbildung des Pferdes ist auf die Entwicklung eines raumgreifenden und fleissigen Schrittes zu achten, da dieser bei Wanderritten mit Gepäck die am meisten verwendete Gangart ist.
Im Gelände ist das Pferd mit allen eventuell auftretenden Schwierigkeiten bekannt zu machen: Strassenver-

kehr, Unterführungen, Brücken, flatternde Planen, dichtes Unterholz, tiefer Boden etc.

Eine gute Springausbildung des Pferdes ist empfehlenswert, jedoch nicht Voraussetzung, da unbekannte Hindernisse im Gelände (man sieht nicht immer, was hinter dem Hindernis liegt) nicht übersprungen werden dürfen.

Wanderreitpferd und Wanderreiter sollten in der Ausbildung mit allen reiterlichen Disziplinen vertraut werden. Wichtig ist, dass der Wanderreiter selbst mit seinem Pferd all diese Lektionen lernt und sich und sein Pferd nicht überschätzt.

Training

Für das Training der Pferde können nur allgemeine Richtlinien aufgestellt werden, da Temperament und Charakter jedes Pferdes berücksichtigt werden müssen.

Basistraining zuerst

Dem eigentlichen Konditionstraining muss ein sorgfältiges Basistraining zur Steigerung der Widerstandsfähigkeit von Knochen, Sehnen, Bänder, Gelenken, Hufen und zur Muskelentwicklung vorausgehen. Dieses Basistraining beginnt mit etwa vier Wochen Strassentraining im Schritt. Man fängt mit 30 Minuten auf ebener Strasse an. Das Pensum wird an jedem folgenden Tag gesteigert, bis man am Ende der ersten Woche täglich eine Stunde im Schritt arbeitet. Am Ende der zweiten Woche sind zwei Stunden Schritt pro Tag erreicht. Ideal ist es, wenn eine leicht ansteigende Strasse zur Verfügung steht. In der dritten Woche können in der zweiten Stunde kurze, ruhige Trabreprisen (z. B. 2×100 Meter – wenn möglich bergauf) eingebaut werden. Durch die Schritt- und Trabarbeit bergauf werden Muskulatur und Atmung verstärkt trainiert und die Vorderbeine weniger belastet. Die vierte Woche Strassentraining wird wie die dritte absolviert. Das Schrittreiten auf der Strasse kann sehr langweilig und bei Regenwetter recht unangenehm sein, trotzdem sollte man sich nicht dazu hinreissen lassen, es zu verkürzen oder ganz ausfallen zu lassen. Es ist sehr wichtig, dass ein Pferd, das für grössere Leistungen aufgebaut werden soll, die Muskeln, ohne Herz, Lunge und Bewegungsapparat allzu stark zu belasten, kräftigen kann. Wenn die Anfangszeit des Trainings nicht korrekt durchgehalten wird, wird das Risiko von Beinproblemen für das Pferd während des folgenden Trainings unnötig vergrössert.

Nach vier Wochen Strassentraining beginnen die lösenden Dressurlektionen im Schritt und Trab auf langen Linien. In dieser fünften und sechsten Woche kann man als Aufwärmephase, neben ca. 15 Minuten Schritt, kurze Trabintervalle (2 Minuten Trab – 3 Minuten Schritt – 2 Minuten Trab) einbeziehen. In der siebten Trainingswoche werden Galoppeinlagen (ruhiges Galoppieren 300 bis 350 Meter/Minute) in das Training integriert. Die Dressurarbeit wird dann auf dem Viereck intensiver fortgeführt, jetzt beginnt auch die Springgymnastik (einmal in der Woche). In dieser Trainingsphase ist das Pferd 1 1/2 Stunden täglich unter dem Sattel, den Rest des Tages auf der Weide. Der Weidegang macht die Pferde ausgeglichener, zufriedener und erleichtert die Arbeit.

Langsamer Aufbau zahlt sich aus

Beim Training der Grundkondition darf nicht die Geschwindigkeit den Plan bestimmen, sondern Dauer und Kilometer, langsame Arbeit stärkt die Knochen, Muskulatur, Sehnen und Bänder. Da Knochen, Sehnen und Bandapparat zum Aufbau mehr Zeit benötigen als die Muskulatur, ist der Zeitraum, während dem langsam gearbeitet wird, so wichtig für die Widerstandskraft des vom Training und anschliessenden Wanderreiten stark beanspruchten Bewegungsapparates. (Auch bei gut organisierten Routen weiss man nie, mit welchen plötzlichen Situationen Pferd und Reiter fertig werden müssen.)
Ebenfalls wichtig für ein erfolgreiches Basistraining ist

das Reiten auf unterschiedlichen Böden: hart – weich – uneben – eben – bergauf – bergab. Durch die verschiedenen Reize auf den Bewegungsapparat kann eine Abhärtung erreicht werden. Gleichzeitig lernt das Pferd dabei zwanglos, mit unterschiedlichen Geländeverhältnissen (unter anderem Gräben, Wasser etc.) zurechtzukommen.
In den letzten zwei Wochen vor dem Wanderritt werden die Geländeritte mit dem Sattel und Gepäck, welches für den Wanderritt vorgesehen ist (zwei- bis dreimal pro Woche, oder die letzten beiden Wochenenden während des Basistrainings) absolviert.

Individuell abstimmen

Bei all diesen Ausführungen ist daran zu denken, dass bei jedem Trainingsplan das Temperament und der Charakter des Pferdes berücksichtigt werden müssen. Er kann nur als Richtlinie betrachtet werden und sollte auf jedes Pferd individuell abgestimmt werden.

Fütterung

So, wie das Training auf unvorhersehbare Leistungen unterwegs ausgerichtet ist, muss auch der Futterplan abgestimmt werden.
Wie unser Pferd zuhause oder im Reitstall gefüttert wird, das wissen wir. Wie das Futterangebot unterwegs aussieht, ist ungewiss, daher sollte der Wanderreiter eine Orientierung haben, was das Pferd an Nährstoffen und Nährwerten tatsächlich braucht, wie es diese verarbeitet und wo es diese findet.
Die überwiegende Pferdefütterung in Frankreich setzt sich aus Frischfutter (Weidegang), Ballastfutter (Heu und Stroh) und Pferdekomplettfutter (Pellets) zusammen. Hafer und Gerste zählen in Frankreich allgemein nur als Zusatzfutter. Eine gesunde und ausreichende Pferdeernährung treffen Sie also bei den Unterkünften für Pferde in Frankreich an. Ergänzend kann man trokkenes Brot (das Weissbrot, welches man zu den Mahl-

zeiten gereicht bekommt) und ein paar Handvoll Möhren füttern, in den Pausen lässt man sein Pferd grasen. Es ist noch zu erwähnen, dass Pferde, die normalerweise nicht mit Pellets gefüttert werden, vor dem Wanderritt daran zu gewöhnen sind.

Auch sollte man wenigstens einen Monat vor Antritt seiner Reise sein Pferd entwurmt haben, damit die Parasiten nicht als unbeliebtes Gastgeschenk in der Box oder auf der Weide, die man unterwegs benutzen durfte, zurückbleiben. Das gleiche gilt nach der Rückkehr aus den Wanderreitferien für den eigenen Stall.

Ausrüstung von Pferd und Reiter

Auch bei der Ausrüstung muss eine gewisse Individualität beachtet werden. Sie muss passend für das Pferd und zweckmässig für den geplanten Wanderritt sein.

Sattel

Für Wanderritte mit Gepäck sollen ausschliesslich Trachtensättel verwendet werden.
Trachtensättel sind alle Sättel mit Trachten (siehe Abbildung), ob Militärsättel, moderne Vielseitigkeitssättel mit Trachten *(Selle Randonnée)* oder Westernsättel. Die Wahl hängt davon ab, welches Pferd man verwendet.

Trachten

Militärsattel

Bei Militärsätteln sind die Überreste der letzten 50 Jahre so gering, dass man schon Glück haben muss, einen wirklich passenden Sattel und dann auch noch komplett zu finden. Wenn ja, sind die Preise für Anschaffung und Restaurierung in der Regel so übertrieben, dass sich der Weg ins nächste Reitsportgeschäft lohnt, um sich einen neuen modernen Trachtensattel (Preis um 800,– DM; in Frankreich ca. 900,– FF = 330,– DM) passend für sein Pferd zu bestellen.
Bei Westernsättel treten ähnliche Probleme auf, hat man nicht das passende Pferd zum Sattel. Für den

Westernreiter, der das passende Pferd zum Sattel oder umgekehrt schon hat, sind solche Probleme vergessen. Er hat seine Ausrüstung in der Regel schon komplett und ist für einen Wanderritt gerüstet.

Pferd mit Ausrüstung

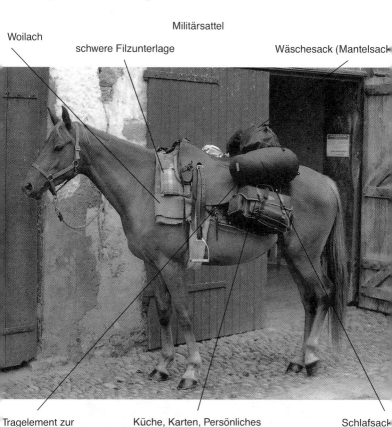

Woilach — schwere Filzunterlage — Militärsattel — Wäschesack (Mantelsack) — Tragelement zur individuellen Bepackung — Küche, Karten, Persönliches — Schlafsack

* Dieses Tragelement zur Bepackung des Pferdes mit individueller Ausrüstung habe ich seit vier Jahren im Test, teilweise unter allerschwersten Anforderungen. Es entlastet den Pferderücken und verlagert alles Gewicht unter das Reitergewicht.

Der Woilach

Die zweimal gefaltete Wolldecke (zweimal falten ergibt vier Lagen) bezeichnet man als Woilach. Sie ist für Wanderritte die ideale Sattelunterlage. Bei jedem Satteln wird sie neu zusammengelegt und bildet immer wieder eine frische, saubere Sattelunterlage auf dem Pferderücken. Die geschlossene Seite des Woilach liegt über dem Widerrist.

Hochziehen des Woilach in die Kammer

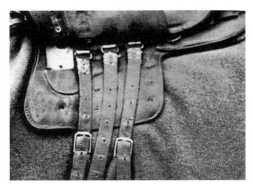

Die Gurtenschnallen liegen auf dem Woilach

Fertig gesattelt

Pferd mit Ausrüstung

robuste Ledertasche mit Werkzeug für Hufbeschlag, Pferdepflegematerial, Utensilien für Reparturen und das Leben im Freien

Zelt

20 m Seil

Ich erkunde oft unbekannte Wanderreitrouten, zeichne diese unterwegs auf, beobachte und fotografiere Tiere in freier Wildbahn, mache Expeditionen in oft unzugängliches Gelände, z. B. zu den Braunbären in den Pyrenäen. Kurz gesagt: Ich habe oft sehr viel und dabei technisch empfindliches Material dabei.

Bei all meinen Unternehmungen habe ich festgestellt, dass sich die robusten und gepolsterten Foto- und Videotaschen zur Mitnahme aller notwendigen und persönlichen Utensilien bestens eignen. Sie lassen sich standardmässig auf dem Tragelement leicht anbringen. Alles ist aufeinander abgestimmt.

Oft auf Expeditionen unterwegs

Hat man jetzt den passenden Sattel für sein Pferd und den Wanderritt gefunden, sieht man sich nach brauchbaren Satteltaschen um. Betrachtet man jetzt die Auswahl und denkt an alles was man mitnehmen möchte, so lässt sich sehr schnell die Spreu vom Weizen trennen.

Allgemeines Gepäck

An Gepäck für den Packtaschenritt ist folgendes nötig: Reservezügel, Reservesteigbügelgurt, Reservesattel-

Multibepackungselement für Trachtensättel aller Art, wurde von mir während Jahren entwickelt und unter schwersten Bedingungen getestet.
Das Pferd wird in seiner Bewegung in keiner Weise behindert und erleidet durch Mitnahmegepäck weder Abschürfungen noch Druckstellen.

gurt, Leder und Lederreparaturset. Vorgefertigte Hufeisen und Beschlagswerkzeug. Erste-Hilfe-Ausrüstung für Pferd und Reiter. Zwei Pferdebandagen, Wurzelbürste und Striegel, Hufkratzer und Handtuch für die Pferdepflege, eventuell Klappspaten und Handbeil.
Auf jeden Fall ein Taschenmesser, ein brauchbares Überlebensmesser, Landkarten, Kompass, Geld, Schecks, Ausweis, Nähzeug, Taschenlampe und Leuchtgamaschen, da man doch schnell mal in die Abenddämmerung gerät.

Alles dabei, jeweils dem Vorhaben und Zweck angepasst, alles Gewicht verlagert sich unters Reitergewicht, der Rücken des Pferdes bleibt frei, das Pferd kann im Gelände jede Gangart gehen und auch Hindernisse überwinden.

Am besten stellt sich jeder eine eigene Liste nach seinen Gedanken und Bedürfnissen auf, er sieht dann auch gleich anhand seiner Satteltaschen was er braucht und auf was er verzichten kann, schliesslich muss noch Platz für den täglichen Einkauf in den Satteltaschen bleiben. Wichtig ist, für jede eventuelle Situation alles dabei zu haben, wobei das meiste schon im grossen Schweizer-Taschenmesserset vorhanden ist.

Beim Packen ist auf ein gleichmässiges Gewicht beider Satteltaschen zu achten. Harte Gegenstände werden in Kleidungsstücke eingewickelt und kommen weg vom Pferdekörper. Jedes Ausrüstungsstück muss sicher befestigt sein, so dass Teile weder fliegen noch scheuern können.

Unversehrt zurück.

Weiterhin zur Ausrüstung vorn am Sattel befestigt: ein zehn oder 20 Meter langes Seil, ein oder zwei Anbindestricke, ein zusätzliches Stallhalfter, ein Falteimer.
Das Pferd wird einfach ohne Nasenriemen aufgezäumt, so hat es die Möglichkeit sich unterwegs hier und da einen Happen saftiges Grün abzubeissen.

Kleidung

Der Anzug des Reiters ist so zweckmässig wie möglich zu halten, das heisst: Es empfiehlt sich eine Kleidung, die zum Laufen und zur allgemeinen Freizeit ebensoviel taugt wie zum Reiten. Empfehlenswert sind amerikanische Chaps, die man zum Reiten über die Jeans anlegt.
Als tauglicher Regenschutz hat sich bisher der Reitponcho immer noch bestens bewährt. Er schützt nicht nur den Reiter, sondern liegt gleich noch über den Satteltaschen und bedeckt das halbe Pferd. Der Reitponcho ist schwer genug, dass er nicht gleich bei jedem Windchen herumflattert und bei Nichtgebrauch kann man ihn klein zusammengerollt am Sattel befestigen.
Für kühle Abende sollte man einen warmen Pullover nicht vergessen, Schlafsack und Zelt sind selbstverständlich. Bei der Anschaffung des Schlafsackes sollte man nicht sparsam sein. Anders sieht es beim Zelt aus, hier achtet man in erster Linie darauf, dass es möglichst klein zusammenlegbar und leicht ist (ca. 2 kg).
Der Rest der persönlichen Ausrüstung und der Toilettenutensilien bleibt auch hier den eigenen Bedürfnissen überlassen.

Unterwegs

Wer sich und sein Pferd wie beschrieben vorbereitet hat und sich an die Etappenbeschreibungen des Reiseführers hält, hat unterwegs viel Zeit, die er sinnvoll nutzen kann und sein Pferd kommt bei abwechslungsreichen Reitrhythmen nicht zum Schwitzen. Grünfutter, Karotten und trockenes Brot kann das Pferd unterwegs jederzeit verdauen. Dort wo das *nicht überhitzte und ausser*

Atem stehende Pferd trinken möchte, sollte man es ruhig lassen.

Am Abend nach der Tagestour bekommt das Pferd erst zwei Stunden nach dem Absatteln seine Ration Kraftfutter. Am Morgen erhält es sein Kraftfutter nach dem Aufstehen; dann sind es sowieso noch mindestens zwei Stunden bis zum Aufbruch.

Eine Weide zur Übernachtung für das Pferd ist der Box vorzuziehen.

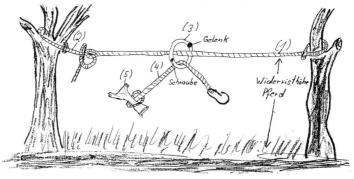

Anbinden eines Pferdes unterwegs

Seil (1) lang mit Seil (2) kurz zwischen zwei Bäumen festanziehen und verknoten. Ein so angezogenes Seil bleibt während der ganzen Nacht straff. (3) Einen Eisenring oder starken Karabiner über das Seil (1) legen, (4) den Anbindestrick durch den Eisenring ziehen (5), am anderen Ende einen Gegenstand mit dem doppelten Gewicht des Anbindestricks befestigen und das Pferd anbinden.

Das Pferd kann sich nirgendwo festlegen oder festhängen, hat etwas Bewegungsfreiheit und kann in Ruhe fressen.

Orientierung im Gelände

Arbeit mit Kompass und Karte: Direktpeilung
1) Richtungswinkel N = 0 Grad einstellen; 2) den Kompass in Nordrichtung längs des N – S Rasternetzes auf die Karte legen; 3) Karte mit dem Kompass so lange drehen, bis N – Spitze der Nadel zwischen den Nordmarken liegt. Die Karte ist jetzt in Nordrichtung ausgerichtet.

A) Den Kompass jetzt mit einer Längsseite auf die Verbindungslinie zwischen Standort und Bestimmungsort auf die Karte legen, Vorderseite dem Bestimmungsort zugekehrt.
B) Die Kompasskapsel drehen, bis die N – S Striche der Kapsel parallel zum N – S Rasternetz der Karte liegen.
C) Index merken, Kompass abheben – Index einstellen und visieren; markante Punkte in der Marschrichtung merken.
D) Bis zum Bestimmungsort immer dem eingeprägten Index folgen.

Orientierung ohne Kompass:
Richtet man sich nach der Sonne, so steht diese morgens im Osten, mittags im Süden und abends im Westen.
Einzelstehende Bäume haben die längeren und stärkeren Äste in Richtung Süd-Süd-Ost. Wetterseite ist West, die Natur wird auch von der Wetterseite stärker beansprucht; Felswände und Baumstämme sind an der Wetterseite stärker bemoost.

Orientierung mit Kilometer und Zeit:
Gemessen von der Karte ist ein Kilometer Departement-Strasse kalkulationsmässig drei Reitkilometer. Die Durchschnittsgeschwindigkeit des Pferdes beläuft sich bei gut vorwärts gehenden Pferden im Schritt auf 5 bis 8 km/h, im Arbeitstrab 8 bis 12 km/h und im Mitteltrab 12 bis 15 km/h. Diese Gangarten können ausdauernd und mit gleichbleibender Leistung geritten werden. Galoppeinlagen kosten Kraft und Energie, sie sind

als Zeitverlust zu vermerken. Ist dem Reiter in den jeweiligen Gangarten die tatsächliche Geschwindigkeit seines Pferdes bekannt, kann er gemessen an der Reitzeit und Richtung die er reitet, relativ genau seinen momentanen Standort ermitteln.

Markierte Wanderwege: Zeichenerklärung

Auf jedem Wanderweg ist die Gangart des Pferdes den Verhältnissen anzupassen. Der Reiter ist Kavalier und läßt dem Wanderer oder Erholungssuchenden den Vortritt.

	kommunaler/regionaler Wanderweg, keine Norm weder für Farbe noch für Form der Zeichen
	Pilgerpfad
	GTC (grande traversé à Cheval) internationaler Reitweg
	GR (grande randonnée) Europafernwanderweg
	hier führt der GR nicht her
	GR biegt ab
	GR es wird darauf aufmerksam gemacht, das eine Änderung vorliegt oder ein anderer GR kreuzt
	GR 65 Hauptwanderweg GR 653 Nebenwanderweg, der vom GR 65 wegführt und ihn später wieder kreuzT
	Hinweisschild, sich kreuzende Hauptwanderwege
	Örtliche Information des GR's sind meist mit Wanderzeiten und Entfernung zur nächsten Gîte d'Etape beschrieben

Symbol-Erklärungen:

Blau ▮   Gelb ▯   Orange ▨   Rot ▨

Gîte d'Etape

Unterkünfte, die am GR liegen, in der Regel 30 Kilometer voneinander entfernt, bestehend aus Mehrbettzimmern ohne Bettwäsche, mit Aufenthaltsraum und Gemeinschaftsküche zur Selbstversorgung und sanitären Einrichtungen.
Die Sauberkeit dieser *Gîte d'Etapes* hängt von den Benutzern ab. Die meisten *Gîte d'Etapes* sind ländlich und bieten auch dem Wanderreiter mit seinem Pferd Platz. Die gesamte Einrichtung der GR und der GE stammen von freiwilligen Organisationen internationaler Wanderverbände. GE stehen jedem Wanderer für ein kleines Entgeld zur Verfügung.
Markierte Wanderwege führen teilweise auch über private Grundstücke. Der Wanderer/Reiter ist dort Gast. Der Eigentümer ist nicht verpflichtet, jemanden passieren zu lassen.
Für jeden GR gibt es ein GR – Handbuch. Diese sind in jeder Bücherei erhältlich, in der es Wanderkarten gibt. Die Benutzung der allgemeinen Wanderwege ist den Vorgaben der jeweiligen Gemeinden anzupassen.

Hufe und Hufbeschlag

Der erfahrene Trekkingreiter muss in der Lage sein, ein verlorengegangenes Hufeisen so zu ersetzen, dass er seinem Pferd keinen Schaden (Verletzungen durch Vernageln etc.) zufügt und mit dem Tier den nächsten Hufschmied erreichen oder verständigen kann. Auch ist es für jeden Reiter und Pferdebesitzer von Vorteil, ein bisschen von der Hufschmiedearbeit und Huffunktion (gesunder Huf, gesundes Pferd) kennenzulernen.

Die Industrie fertigt Hufeisen in jeder Hufgrösse und für jede Reitsportart an (Profileisen »leicht« für den Galopprennsport, Trabereisen »leicht« und Profileisen »schwer« sind aufbeschlagsfertige Hufeisen).

Natürlich ersetzt die Herstellung von aufbeschlagsfertigen Hufeisen den Hufschmied nicht, er ist die direkte Kontaktperson von Pferd, Reiter und Tierarzt.

Der Reiter kann dem Hufschmied beim Beschlag seines Pferdes behilflich sein, er kann sich von seinem Hufschmied praktisch unterrichten lassen und sich vor seinem Wanderritt Ersatzeisen für sein Pferd richten lassen.

Wesentlich für den Hufbeschlag ist, dass der Huf auf seine natürliche Grösse bearbeitet und sauber ausgeschnitten ist. Das Pferd muss gerade stehen und sauber abfussen können. Das Hufeisen darf den Huf nicht

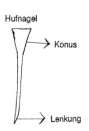
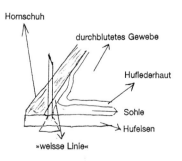

Hufbeschlag unterwegs; das Werkzeug, Hufeisen und Nägel hat man dabei, als Amboss dient ein Stein und die Kenntnisse und handwerklichen Fähigkeiten hat man von seinem Schmied erlernt.
Ebenso geht man zuhause dem Tierarzt zur Hand und weiss daher, wie man unterwegs bei einer Verletzung seinem Pferd rasche Hilfe leisten kann.

einengen oder in eine für das Pferd unnatürliche Form zwängen. Die »weisse Linie« zeigt das Mass der Hufgrösse an. In die »weisse Linie« durch den »Hornschuh« wird das Hufeisen aufgenagelt. Das Hufeisen muss so ausgewählt und angepasst sein, dass die Nagellöcher im Hufeisen genau auf der »weissen Linie« sind. In die »weisse Linie« durch den Hornschuh wird dann das Hufeisen aufgenagelt.
Die abgeschrägte Seite des Hufnagels ist die Lenkung. Die Lenkung zeigt zur Innenseite des Hufes und wird auf der weissen Linie zum Aufnageln aufgesetzt. Beim Aufnageln tritt die Lenkung durch die weisse Linie in den Hornschuh ein, und durch den Hornschuh nach aussen. Die Lenkung verhindert ein Eindringen des Hufnagels ins schmerzempfindliche Hufinnere. Der eingeschlagene Hufnagel wird dann umgebogen und wenn das Hufeisen fertig aufbeschlagen ist, kurz über der Austrittsstelle abgeschnitten. Anschliessend werden die Nägel mit Hammer und Zange oder mit der Anziehzange angezogen. Mit der Hufraspel wird der überstehende Hornschuh abgeraspelt, mit der feinen Seite sauber nachgefeilt. Auf festem, geradem Boden (Teerstrasse) wird in geführtem Trab die Schmerzfreiheit und Gangkorrektheit geprüft.

Für Ihre Notizen

Für Ihre Notizen

Für Ihre Notizen

Für Ihre Notizen